TRAITÉ ÉLÉMENTAIRE

ET COMPLET

DE PROSODIE LATINE

TRAITÉ ÉLÉMENTAIRE

ET COMPLET

DE PROSODIE LATINE

RENFERMANT

LES RÈGLES DE LA QUANTITÉ ET DE LA VERSIFICATION LATINES

DES EXERCICES D'APPLICATION SUR CHAQUE RÈGLE

Un Appendice sur les différentes espèces de vers employées dans les
strophes sacrées et profanes

LES PRINCIPES ESSENTIELS DE LA PRONONCIATION
ET DE L'ACCENTUATION LATINES

PAR LE P. TROTIN

MARISTE

NEUVIÈME ÉDITION

PARIS

LIBRAIRIE CLASSIQUE EUGÈNE BELIN

BELIN FRÈRES

RUE DE VAUGIRARD, 52

—

1891

Tout exemplaire de cet ouvrage, non revêtu de notre griffe, sera réputé contrefait.

AVERTISSEMENT

Cette nouvelle prosodie renferme dans un cadre restreint, non-seulement les matières des traités élémentaires du même genre, mais encore à peu près tout ce qu'on trouve d'important dans les grands ouvrages de versification latine. Elle est rédigée d'après un plan neuf, simple et méthodique. Il suffit, pour s'en convaincre, de jeter un coup d'œil sur le tableau synoptique qui suit cet avertissement.

Deux parties composent ce traité : la première contient les règles de la quantité; la deuxième, celles de la versification.

La première partie est conçue dans un ordre absolument nouveau. On remarquera sur quel principe clair et simple elle repose tout entière : *les voyelles seules sont susceptibles de quantité;* et comment de là se déduit naturellement la division des règles en *générales* et en *particulières*, les unes s'appliquant à toutes les voyelles indistinctement, les autres à une voyelle en particulier. On a donné à cette partie toute la précision et l'exactitude possibles.

Les déclinaisons des mots latins tirés du grec, qui jouent un si grand rôle dans la poésie latine, ont été l'objet d'un travail spécial : nous avons résumé, sous forme d'appendice, à la fin de la première partie, toutes les règles éparses dans le cours du traité, et nous avons mis sous les yeux, dans un seul tableau, les désinences et la quantité des mots de chaque déclinaison.

La seconde partie, qui s'occupe de la composition des vers, n'a pas été moins soignée. Elle comprend deux chapitres, dont le premier guide l'élève dans la recherche des éléments propres à construire les vers, et le second lui apprend à combiner ces éléments, de manière à donner au vers son harmonie et sa valeur poétiques. On y trouve sur l'utilité et l'emploi des synonymes, des équivalents, des épithètes et des périphrases, sur les mille petites industries qui contribuent à l'élégance du vers, des observations précieuses, fruits d'une longue expérience, et des conseils pratiques qui ne se trouvent dans aucun traité du même genre.

Les règles exposées dans cette prosodie regardent surtout le vers hexamètre et le vers pentamètre. Ce sont en effet ceux auxquels on s'exerce le plus dans les colléges. Mais un latiniste quelque peu érudit ne 'doit pas ignorer les différentes mesures dans lesquelles ont écrit les poëtes lyriques et les auteurs dramatiques. Un appendice donnera sur ces mesures des notions sommaires, mais assez complètes.

Toutes les parties de cet ouvrage ont été méditées et approfondies : nous recommandons surtout les exercices d'application destinés à faire comprendre et retenir les règles. Ces exercices se font en classe comme en étude avec le plus grand fruit; mais il est important de saisir leur relation avec les préceptes, afin de mieux voir quel profit on en doit retirer. Dans ce but, on les a fait précéder d'un questionnaire. Chaque question rappelle une ou plusieurs règles de quantité : chaque mot de l'exercice contient au moins une syllabe à laquelle s'applique la règle. De plus, toutes les autres syllabes, dont la quantité peut se connaître par l'une des règles qui précèdent, doivent être marquées par l'élève; celles dont la quantité est absolue, ou fixée par une règle non encore connue, ont leur quantité indiquée; de sorte que, dans l'exercice oral ou écrit, la quantité de toutes les syllabes de chaque mot devra être donnée par l'élève.

Souvent le crément d'un primitif se retrouve dans son dérivé. *Sidĕreus* (*sidus, sidĕris*). On a placé, après chaque série d'exercices, un exercice spécial qui contient un certain nombre de ces dérivés. L'élève devra découvrir ce crément et en marquer la quantité : *audācia*, *ā* long, parce que ce crément est long dans le primitif *audax*, *audācis*. Cette sorte d'exercices sur les composés et les dérivés n'est pas moins utile pour la connaissance approfondie de la langue latine, que pour l'étude de la quantité des syllabes. Nous n'avons jamais d'ailleurs perdu de vue ce principe, que les exercices de versification ont pour but premier de faciliter l'étude de la langue : aussi nous croyons pouvoir affirmer qu'un élève possédera à fond ses déclinaisons et ses conjugaisons même les plus irrégulières, sans parler du sens et de l'étymologie d'une foule de mots, s'il peut arriver à faire sans fautes les exercices de la première partie, de même qu'il saura écrire et composer en latin, quand il sera capable d'appliquer avec intelligence les observations et les conseils de la seconde partie. Peut-être trouvera-t-on que nous sommes entré dans des détails trop minutieux; mais nous avons voulu avant tout faire ressortir les avantages que procure l'étude des vers latins, et prouver qu'elle n'offre pas les difficultés qu'on lui prête souvent.

On a mis en note au bas des pages les détails moins importants qui eussent allongé le texte, et dont cependant les exercices supposent la connaissance. Pour distinguer les notes purement explicatives, qu'il suffit de lire, des notes complémentaires, qu'il faut apprendre, nous avons fait précéder ces dernières d'une croix. Toutes les remarques qui demandent un développement plus étendu sont renvoyées à la fin du livre.

Nous avons complété notre travail par la théorie de l'accentuation latine, pour donner à MM. les Professeurs l'occasion d'initier leurs élèves aux principes de ce beau langage, trop longtemps négligés en France, mais qui sont devenus de nos jours l'objet de travaux importants.

A ceux qui trouveraient cet ouvrage trop volumineux, nous ferons observer que la première partie du traité, qui doit seule être apprise littéralement, est plus concise que dans la plupart des autres prosodies, en même temps qu'elle est plus complète. Si l'on supprime les exercices et les notes purement explicatives, on verra que nous avons condensé en une vingtaine de pages toutes les règles de la quantité, tandis que la prosodie adoptée de préférence dans l'Université, consacre à ces mêmes règles cinquante pages, ou pour le moins quarante, si l'on n'y comprend pas les notes.

On a édité récemment plusieurs traités prosodiques composés d'après une méthode nouvelle, qui a opéré déjà de notables changements dans l'enseignement grammatical. On peut citer en particulier le traité de Grumbach et Waltz, celui de Thurot et Chatelain. Nous n'avons pas cru pouvoir adopter encore des innovations si graves. Tout en rendant hommage aux travaux philologiques entrepris de nos jours, nous ne pensons pas que la science ait atteint le degré de maturité suffisant. Tout doit revêtir dans l'enseignement élémentaire un caractère de clarté et de précision qui ne laisse rien à désirer. Il vaut mieux, croyons-nous, que l'élève détermine avec sûreté la quantité des syllabes, par les moyens plus pratiques que scientifiques employés jusqu'ici, que d'avoir à remonter jusqu'aux origines des langues, d'après des méthodes compliquées, souvent incertaines, et quelquefois contradictoires. Les bornes d'un avertissement ne nous permettent pas de développer cette pensée, ni d'entrer dans les détails nécessaires pour démontrer l'exagération des reproches adressés à l'ancienne méthode, surtout au sujet du crément et de la césure. Nous conserverons donc cette ancienne méthode, jusqu'au jour où les progrès de la philologie nous permettront de lui substituer quelque chose de plus simple, de plus exact et de plus certain.

TABLEAU SYNOPTIQUE. — PROSODIE.

NOTIONS PRÉLIMINAIRES. { Définitions. { Construction du vers. { Vers hexamètres. Vers pentamètres. Césure. Élision. . . . . . . *Exercices.*

PREMIÈRE PARTIE. — RÈGLES DE LA QUANTITÉ.

CHAPITRE Ier. — Règles générales.

Quantité d'une syllabe renfermant en elle-même deux voyelles.
Quantité d'une voyelle suivie de deux consonnes.
Quantité d'une voyelle suivie d'une autre voyelle.
Quantité des composants dans les mots composés.
Quantité des mots dérivés : { 1° du latin. 2° du grec.
Quantité dans les parfaits.
Quantité de la pénultième des supins.
Quantité des voyelles finales suivies d'une consonne. *Exercices.*

CHAPITRE II. — Règles particulières.

QUANTITÉ DES VOYELLES.

a { Final : { Crément : { dans les déclinaisons. dans les conjugaisons. . . . . . . *Exercices.*

e { Final : { Crément : { dans les déclinaisons. dans les conjugaisons. . . . . . . *Exercices.*

i { Final : { Crément : { dans les déclinaisons. dans les conjugaisons. . . . . . , *Exercices.*

o { Final : { Crément : { dans les déclinaisons. dans les conjugaisons. . . . . . . *Exercices.*

u { Final : { Crément : { dans les déclinaisons. dans les conjugaisons. . . . . . . *Exercices.*

Appendice sur la quantité de qq. désinences dans les dérivés. *Exerc.*

SECONDE PARTIE. — PRINCIPES DE LA VERSIFICATION.

CHAPITRE Ier. — Composition du vers.

1° Conseils pour retourner les vers : { conseils par rapport au latin. conseils par rapport à la mesure.

2° Synonymes : { utilité de l'étude des synonymes. manière d'en user avantageusement dans le vers.

3° Équivalents : { de forme, de construction, { dans le substantif. dans l'adjectif. dans le verbe. dans l'adverbe.

4° Épithètes : { définition et utilité. différentes espèces. emploi. places.

5° Périphrases : { de mots, { utilité. manière de les trouver. de pensées, { manière de les trouver. différentes es-pèces, { énumération apposition. incise. ablatifs poétiques. comparaison.

CHAPITRE II. — Élég. du vers.

1° Règles générales d'élégance.

2° Règles particulières : { élégance dans la structure du vers hexamètre. élégance dans la structure du vers pentamètre. élégance dans l'emploi de la césure. élégance dans l'emploi de l'élision.

3° Licences poétiques.

NOTIONS PRÉLIMINAIRES

Après la définition des principaux termes employés dans cet ouvrage, nous donnerons quelques notions sur le vers hexamètre et le vers pentamètre, qui sont l'objet des premiers essais de la versification.

ARTICLE PREMIER

DÉFINITIONS

PROSODIE. — La prosodie (du grec προςῳδία, accentuation) est proprement cette partie de la grammaire qui traite de la quantité des syllabes : mais ce nom a été donné aussi, par extension, aux ouvrages qui, outre les règles de la quantité, enseignent encore celles de la versification.

QUANTITÉ. — La quantité (*quantitas, quantus*) désigne le plus ou moins de temps qu'il faut mettre à prononcer une syllabe.

SYLLABE. — Une syllabe (συλλαϐή, assemblage, συλλαμϐάνω, je réunis) n'est autre chose qu'un son, soit simple, soit joint à un autre son, soit modifié par une consonne, qui se prononce par une seule émission de voix.

MOT. — Une ou plusieurs syllabes forment un mot. Un mot s'appelle monosyllabe (μονός, seul), dissyllabe (δίς), trissyllabe (τρίς), polysyllabe (πολύς), suivant qu'il renferme une, deux, trois, ou quatre syllabes, et au-dessus.

FINALE, PÉNULTIÈME, ANTÉPÉNULTIÈME. — La syllabe qui termine le mot s'appelle finale (*finalis, finis*); l'avant-dernière, pénultième (*pene ultima*); et celle qui la précède, antépénultième (*ante pene ultimam*).

CRÉMENT. — Il y a crément toutes les fois qu'un mot déclinable prend une syllabe de plus qu'au nominatif singulier, ou qu'un verbe compte un plus grand nombre de syllabes qu'à la deuxième personne du singulier de l'indicatif présent actif.

La syllabe qu'on appelle crément n'est jamais la syllabe finale : mais, lorsqu'il n'y a qu'un crément, il est toujours à la pénultième; s'il y en a deux, le premier est à l'anté-pénultième, le second à la pénultième; s'il y en a trois, le premier est à la syllabe qui précède l'antépénultième, le second à l'antépénultième, le troisième à la pénultième :

1   1   1 2   1 2   1 2 3

cantare, dominorum, muneribus, amaverunt, audiverimus...

Si un verbe n'avait pas de deuxième personne du singulier de l'indicatif présent actif, il faudrait lui en supposer une. C'est ainsi que l'on trouvera un crément dans *imitatur*, parce que ce mot renferme une syllabe de plus que l'inusité *imitas*. De même si un nom n'avait pas de nominatif singulier, il faudrait lui en supposer un : ainsi dans *fruges, opes*, il y a un crément, parce que ces mots ont une syllabe de plus que leurs nominatifs inusités *frux, ops*[1].

Dans les adjectifs, le point de départ pour compter les créments est le nominatif singulier masculin. Ainsi le nominatif singulier féminin *libera*, et le nominatif singulier neutre *liberum*, ont un crément, parce qu'ils renferment une syllabe de plus que *liber*.

LONGUES, BRÈVES, COMMUNES. — Les syllabes sont toutes

---

1. Voyez la note A à la fin du volume, sur la manière de compter les créments dans les verbes irréguliers.

longues, brèves ou communes [1]. Si elles sont longues, elles se marquent par ce signe — : *cāntāntēs;* si elles sont brèves, par celui-ci ‿ : *pătĕr;* si elles sont communes, c'est-à-dire si elles peuvent se faire longues ou brèves à volonté, elles seront ainsi marquées ‿ : *ŭtrĭusque.*

PIEDS, VERS. — Un pied est la réunion de plusieurs syllabes longues ou brèves : un vers est une réunion de pieds faite d'après des règles fixes et déterminées.

Les Latins avaient vingt-huit pieds différents dont les principaux sont :

PIEDS DE DEUX SYLLABES.

L'ïambe [2] (ἰάπτω, je blesse), *bŏvēs.*
Le trochée, ou chorée (τρέχω, je cours, *chorus,* chœur), *rūrĕ.*
Le spondée (σπονδή, libation), *mūsæ.*

PIEDS DE TROIS SYLLABES.

Le dactyle (δάκτυλος, doigt), *cārmĭnă.*
L'anapeste (ἀναπαίω, *repercutio,* je frappe à rebours), *rĕĕŭbāns.*
Le tribraque (τρὶς βραχύς, trois fois bref), *lĕgĕrĕ.*

---

1. Dans la langue grecque et la langue latine, la quantité est la base de la versification : les vers consistent dans la combinaison des longues et des brèves faite d'après des règles déterminées. Aujourd'hui que la quantité joue un très-faible rôle dans les langues, il a fallu chercher ailleurs l'harmonie dont on manquait sous ce rapport, et l'on a eu recours à la rime.

2. L'ïambe a été ainsi appelé parce qu'on s'est servi d'abord de ce pied dans des pièces satiriques et injurieuses.

Le trochée vient de τρέχω, parce que c'est un pied léger qui passe fort vite. Les Latins l'ont appelé chorée parce qu'il s'adaptait fort bien aux chansons et aux danses.

Le spondée s'employait surtout dans les chants religieux, à cause de sa gravité.

Le dactyle, ressemblant au doigt, en a prit le nom : le doigt a trois phalanges, dont la première est plus longue que les deux autres; de même le dactyle a trois syllabes, dont la première est longue, et les deux autres sont brèves.

L'anapeste, étant l'opposé du dactyle, était frappé dans les danses d'une manière opposée, comme l'indique son nom : ἀναπαίω, je frappe à rebours.

L'étymologie du tribraque est évidente.

Le dactyle et le spondée sont les seuls pieds admis dans le vers hexamètre et dans le vers pentamètre[1].

Les Latins avaient aussi différentes espèces de vers ; nous ne nous occuperons ici que du vers hexamètre et du vers pentamètre[2].

———

ARTICLE SECOND

NOTIONS SUR LE VERS HEXAMÈTRE

ET SUR LE VERS PENTAMÈTRE.

Nous donnerons sur la construction du vers hexamètre et du vers pentamètre, sur la césure et sur l'élision, des notions sommaires, qui seront complétées dans la seconde partie.

§ I. — Vers hexamètre.

Le vers hexamètre (ἕξ, six, μέτρον, mesure) renferme, comme l'indique son nom, six pieds, dont les quatre premiers sont indifféremment dactyles ou spondées ; le cinquième est un dactyle, et le sixième un spondée.

Insĕrĕ, Dāphnĭ, pўrōs : cārpēnt tŭă pōmă nĕpōtēs. *Virg.*

Pour s'assurer de la justesse du vers, il faut le scander[3], c'est-à-dire le décomposer en ses différents pieds.

Insĕrĕ, | Dāphnĭ, pў- | -rōs : cār- | -pēnt tŭă | pōmă nĕ- | -pōtēs.

La dernière syllabe du vers hexamètre, et même de tout vers, peut être longue ou brève à volonté.

Sīcĕlĭ- | -dēs Mū- | -sæ, paū- | -lō mă- | -jōră că- | -nămŭs. *Virg.*

———

1. Voir le tableau complet des pieds à la note G, à la fin du volume.
2. Voir le premier appendice, à la fin du livre, sur les autres espèces de vers.
3. Du latin *scandere*, monter, parce que de ces différents pieds ainsi décomposés, on remonte à l'ensemble du vers.

§ II. — Vers pentamètre

Le vers pentamètre (πέντε, cinq, μέτρον, mesure) se divise en deux hémistiches ou moitiés de vers (ἥμισυς, demi, στίχος, vers) renfermant chacun deux pieds et une syllabe longue. Dans le premier hémistiche, les pieds sont indifféremment dactyles ou spondées; dans le second ils sont toujours dactyles[1].

Tūnc bĭbĭt | ĭrrĭgŭ- | -ās || fērtĭlĭs | hōrtŭs ă- | -quās. *Tib.*

D'après ce que nous avons dit plus haut, la finale du vers peut être une brève :

Et grăvĕ, | sūspēn- | -sō || vōmĕrĕ, | cēssĕt ŏ- | -pŭs. *Tib.*

Un vers pentamètre est ordinairement précédé d'un hexamètre : leur réunion forme ce qu'on appelle un distique (δίς στίχος, deux vers).

Lūcĕ să- | -crā, rĕquĭ- | -ēscăt hŭ- | -mūs, rĕquĭ- | -ēscăt ă- | -rātŏr,
Et grăvĕ, | sūspēn- | -sō || vōmĕrĕ, | cēssĕt ŏ- | -pŭs. *Tib.*

§ III. — De la césure.

On appelle césure (*cædo*, couper[2]), toute syllabe longue qui finit un mot et commence un pied.

Dans le vers hexamètre, la césure est interdite au cinquième et au sixième pied : mais on peut en mettre une après chacun des trois premiers pieds. Une césure au moins est requise. S'il n'y en a qu'une, elle doit être placée après le second pied. S'il n'y en a pas après le second pied, il en

---

1. Il y a plusieurs manières de scander le vers pentamètre : celle que nous avons adoptée est la plus répandue et la plus facile. Voici celle qui paraît la plus conforme à la manière de scander des Latins. Le vers pentamètre, comme l'indique son nom, se compose de cinq pieds : les deux premiers sont indifféremment dactyles ou spondées; le troisième est toujours un spondée; les deux derniers sont toujours des anapestes.

Tūnc bĭbĭt | ĭrrĭgŭ- | -ās fēr- | -tĭlĭs hōr- | -tŭs ăquās.

2. En effet, le pied coupe le mot dont la finale est césure. Voyez, sur la nécessité de la césure dans les vers, la note F, à la fin du volume.

faut deux, l'une après le premier pied, l'autre après le troisième.

Les exemples suivants, tirés de Virgile, indiqueront toutes les places que peut occuper la césure, et tout vers qui ne ressemblera pas à l'un d'entre eux, sera incorrect.

Sylvē- | -strēm tĕnŭ- | -ī mŭ- | -sām mĕdĭ- | -tārĭs ă- | -vēnā. (3 césures).
Nōs pătrĭ- | -æ fī- | -nēs ĕt | dūlcĭă | līnquĭmŭs | ārvă.
Fōrmō- | -sām rĕsŏ- | -nārĕ dŏ- | -cēs Amă- | -rȳllĭdă | sīlvās. } (2 cés.)
O Mĕlĭ- | -bœ̆ĕ, dĕ- | -ūs nō- | -bĭs hæc | ōtĭă | fēcĭt.
Sæpĕ sĭ- | -nīstră că- | -vā præ- | -dīxĭt ăb | īlĭcĕ | cōrnīx. (1 césure.)

Dans le vers pentamètre, il faut que la syllabe qui termine chaque hémistiche soit une césure.

Dans le premier hémistiche, on est libre d'en ajouter une autre : il n'en faut pas dans le second.

Cārmĭnĭ- | -bŭs vī- | -vēs ‖ tēmpŭs ĭn | ōmnĕ mĕ- | -īs.   *Ovid.*
Icărŭs | Icărĭ- | -īs ‖ nōmĭnă | fēcĭt ă- | -quīs.   *Ovid.*

Les enclitiques *que, ce, ve, ne,* ne formant qu'un même mot avec celui auquel elles sont jointes, empêchent la césure. Ainsi le vers suivant, qui semblerait avoir quatre césures, n'en a que deux en réalité [1] :

Testis A- | -rar, Rhoda- | -nusque ce- | -ler, ma- | -gnusque Ga- |
[-rumna. *Tib.*

1.+ Si cependant un vers joignait à une césure pleine, après le premier ou après le troisième pied, une césure empêchée par une enclitique, il devrait être considéré comme correct :

Anthea, Sergest*umque* vi*det,* magnumque Cloanthum.
... Nox humida cœlo
Præcipit*at,* suad*entque* cadentia sidera somnos. *Virg.*

Il faut éviter, dans ce cas, de terminer deux fois le vers comme dans cet exemple de Lucrèce :

Ut vide*ant* qua *quidque geratur* cum ratione;

car la répétition de deux cadences semblables, qui se suivent immédiatement, déplaît à l'oreille, à moins qu'elle ne serve à produire un effet, comme dans ce vers, dont la double chute exprime merveilleusement la chute monotone et cadencée du marteau des Cyclopes :

In nume*rum,* versan*tque tenaci* forcipe massam. *Virg.*

§ IV. De l'élision.

1° — Toute finale terminée par une voyelle, une diphthongue ou un *m*, ne compte pour rien dans la mesure
du vers, lorsqu'elle est suivie d'un mot commençant par
une voyelle, une diphthongue ou un *h*. Ce retranchement
s'appelle élision (*elidere* [1], briser, retrancher).

Dāphnĭs ĕ- | -*go* īn sīl- | -vīs, hīnc | ūsque ăd | sīdĕră | nōtŭs. **Virg.**

Comme on le voit, *go* dans *ego*, *que* dans *usque* dispa-
raissent entièrement de la mesure : on scande comme si
la voyelle élidée n'existait pas.

Exception. — Les interjections ne s'élident pas.

O pătĕr, | ō hŏmĭ- | -nūm dī- | -vūmque æ- | -tērnă pŏ- | -tēstās! **Virg.**

2° — Les élisions détruisent la césure. Ainsi le vers suivant qui devrait avoir trois césures n'en a que deux.

Pān ĕtĭ- | -*am* Arcădĭ- | -ā dī- | -căt sē | jūdĭcĕ | vīctūm. **Virg.**

L'élision d'une enclitique qui empêche la césure, fait
reparaître la césure.

Exiit, | opposi- | -*tasque* e- | -vicit | gurgite | moles. **Virg.**

3° — La finale d'un vers ne s'élide pas sur le vers suivant.

Fōrtū- | -nātĕ sĕ- | -nēx; hīc | īntĕr | flūmĭnă | nōtă
Et fōn- | -tēs sā- | -crōs.....   **Virg.**

4° — La finale seule du mot s'élide, lors même qu'elle
est précédée d'une autre voyelle.

Pārs Scўthĭ- | -am, ēt răpĭ- | -dūm Crē- | -tæ vĕnĭ- | -ēmŭs O- | -āxĕm.
                                                      Virg.

Dans *Scythiam, am* seul s'élide, et la syllabe *thi* reste
intacte.

5° — L'élision n'a jamais lieu dans le corps d'un mot,
excepté dans un très-petit nombre de mots composés que
l'usage apprendra, comme dans *āntĕăgŏ, grăvĕŏlēns, sēmiănĭmĭs* (ante-ago, grave-olens, semi-animis...) Mais on
dira toujours *cōpĭă* et non *cōpĭă, īmpĭŭs* et non *īmpĭŭs* [1]...

----

1. Voir la note B, à la fin du volume, n° 3, *élisions dans les mots composés*.

QUESTIONNAIRE ET EXERCICES

SUR LES NOTIONS PRÉLIMINAIRES.

1° — Quelle est l'étymologie et la signification des mots prosodie, quantité, syllabe, monosyllabe, dissyllabe, trissyllabe, polysyllabe, finale, pénultième, antépénultième?

2° — Quand a lieu le crément? — Comment compter les créments? — Que faire lorsque le nominatif singulier d'un nom n'existe pas, ou qu'un verbe n'a pas la deuxième personne du singulier de l'indicatif présent actif? — Comment compter les créments dans les verbes irréguliers? (Note A à la fin du volume.)

Exercices. — Les mots suivants ont-ils des créments? *les indiquer et les numéroter.*

Fulgura, serpentes, dominos, tulero, erimus, meditaremini, duces (substantif), duces (verbe), edebant (de edo, manger), opibus, currere, fertis, aligeræ gentes, volumus, fiebant, numina, pascite boves, pueri, submittite tauros, blandimur, malebam, fuerunt, cogitaverimus, tria millia peditum, nolimus, sortis vices, fiunt, fugio, celeres (adjectif), celeres (verbe), sequimini, præcipiti cursu, feremus, vulneribus, fierent, ero, teneri (adjectif), teneri (verbe), liber (adjectif), libera (verbe), velim, volucres, virtutibus, propositi tenacem virum...

3° — Qu'appelez-vous pied? — Combien y en a-t-il en latin? — Quels sont les principaux?

Exercices. — Quels pieds forment les mots suivants?

Rĕcūbāns, ōllă, pŏtēns, mĭrŏr, ūndĭquĕ, sĭmĭlĭs, linquūnt, pīscēs, ălĭō, sōlĕm, jăcēns, dĕdĕrăt, jŭbēs, sŭpĕrōs, ānguēs, āgmĭnă, sævūm, vŏcāns, răpĭdŭs, sōmnō, sæpĭŭs, clāssēs, nĭtĭdī, fālsŭm, dīcĕrĕ, prĕlĭŭm...

On doit continuer ces exercices jusqu'à ce que l'on sache déterminer immédiatement le pied que forme le mot.

4° — De combien de pieds et de quels pieds sont composés les vers hexamètres et les vers pentamètres? — Qu'est-ce que scander?

5° — Qu'appelle-t-on césure? — Combien peut-il y avoir de césures, et quelles places peuvent occuper les césures dans le vers hexamètre, et dans le vers pentamètre?

6° — Quand a lieu l'élision? — Quel est l'effet de l'élision par rapport à la césure? — Dans le corps d'un mot, à la fin d'un vers, peut-il y avoir élision?

Exercices. — Signaler les fautes qui se trouvent dans les vers suivants, sous le triple rapport des pieds, des césures et des élisions.

Cārcĕrēs | ēt dī- | -ră Jŏ- | -ānnēs | fērrĕă | vīnclă
Chrĭstī ă- | -mōrĕ tŭ- | -lĭt, hāc | fūnctŭs ĭn | aūlā quĭ- | -ēscĭt.....
Cōrdŭbă, | Lŭpĕ, tŭ- | -ōs vĕnĕ- | -rātūr | prōvĭdă | sācrōs
    Artūs, ĕt | Aūrĕlĭ- | -æ || cōnjŭgĭs | ūltrō sĭ- | -mŭl.
Insĭdĭ- | -ās fŭgĭ- | -ēns fāl- | -lācĭs ŭ- | -tērquĕ Nĕ- | -rōnĭs,
    Itălĭ- | -ām līn- | -quēns || quærĭs ĭn | ūrbĕ lă- | -rēs.
    Illĭpă | vōs răpĭt | ălūm- | -nōs Bē- | -tūrĭcă, | sēd pōst
    Cōrdŭbă | vōs fē- | -līx || mārtўrĭ- | -ōquĕ ră- | -pĭt.
    Quælĭbĕt | ūrbs sĭmŭl | ēxhīnc | cōmpŭ- | -tābĭtŭr | īngēns,
    Illă prŏ- | -ūt cū- | -næ, || īstă prŏ- | -ūt tŭmŭ- | -lŭs [1].

---

1. Ces vers sont attribués à Cyprien de Cordoue, écrivain du x⁰ siècie.

PREMIÈRE PARTIE

RÈGLES DE LA QUANTITÉ.

Les voyelles seules sont susceptibles de quantité. Mais il y a des règles de quantité qui conviennent à toutes les voyelles, et d'autres qui ne conviennent qu'à une voyelle en particulier. Les premières s'appellent règles générales, et les autres, règles particulières. De là, deux chapitres dans cette première partie : dans le premier, nous donnerons les règles générales, dans le second, les règles particulières.

CHAPITRE PREMIER

RÈGLES GÉNÉRALES.

Il y a huit règles de quantité qui s'appliquent indistinctement à toutes les voyelles; nous aurons donc huit règles générales.

PREMIÈRE RÈGLE GÉNÉRALE

Quantité d'une syllabe où sont réunies deux voyelles.

Règle. — Toute syllabe est longue, quand elle renferme deux voyelles, soit exprimées, *paūper, eōdem* (pour *ĕōdem*), *eūge*... soit contractées en une seule, *Dī* (pour *Dĭī*), *vīs* (pour *vŏlĭs, vŏĭs*), *cōgo* (pour *cŏăgo*)...

> Sint Mæcenates, non deērunt, Flacce, Marones. *Hor.*
> Junge pares, et cōge gradum conferre juvencos. *Virg.*

EXCEPTIONS. — 1° Après les lettres *q* et *ng*, la voyelle *u* est nulle; la syllabe où elle se trouve pourra donc être

brève, lors même qu'elle renfermera deux voyelles : *linguă,
quŏquĕ, relinquĭt, sanguĭs.*

> Incultisquĕ rubens pendebit sentibus uva: *Virg.*

Cependant la voyelle *u* compte pour une syllabe au parfait du verbe *langueo,* et dans les temps qui en dépendent :
langŭi, elangŭit...

2° La préposition *præ* devient brève, lorsque dans un
mot composé, elle est suivie d'une voyelle : *præ̈esse,
præ̈ire...*

> Jamque novi præ̈eunt fasces, nova purpura fulget. *Ovid.*

DEUXIÈME RÈGLE GÉNÉRALE

Quantité d'une voyelle suivie de deux consonnes

Première règle. — Toute voyelle suivie immédiatement d'une lettre double *j, x, z,* ou de deux consonnes
dont la seconde n'est pas *l* ou *r,* est longue : *āxis, ĕx-
sūltāns, gāza, jējunus.....*

> Fōrtunate senēx, ērgo tua rura manebŭnt. **Virg.**
> Mājorēsque cadŭnt āltis de mōntibus ūmbræ. **Id.**

EXCEPTION. — Dans les composés de *jugum,* tels que
bĭjugus, trĭjugis, et l'ablatif *jurĕjurando,* la voyelle qui
précède le *j* est brève.

> Quadrĭjuges in equos, adversaque pectora tendit. *Virg.*

Deuxième règle. — Lorsque la seconde des deux
consonnes est une des liquides *l, r,* la voyelle qui précède est ordinairement commune : *cathĕdra, pătris, tenĕ-
bræ* [1]*...*

> Et primo similis volŭcri, nunc vera volūcris. *Ovid.*

Mais si la voyelle était déjà longue de sa nature, avant
de se trouver devant les deux consonnes, il est évident

---

1. Dans les mots tirés du grec, une voyelle suivie d'une muette et d'un
n est souvent commune, parce que *n* est une liquide en grec : *Prŏcne,
Dăphne, Therăpneus.....* On trouve même la voyelle commune devant *mn :*
Polўmnestor.

qu'elle resterait longue : ainsi *mātris*, et non *mătris*, de *māter ; arātrum* et non *arătrum*, de *arāre*.

Si les deux consonnes appartiennent chacune à une syllabe différente, la voyelle précédente est toujours longue, jamais commune : *vēlle (vel-le), ōbruo (ob-ruo), ērrare (er-rare), sūblego (sub-lego), quamōbrem (quam-ob-rem [1])*...

> Perfudere manus frāterno sanguine frātres. *Cat.*
> Hinc bēllator equus campo sese arduus infert. *Virg.*

Dans les autres cas, comme nous l'avons dit, la voyelle est ordinairement commune. Nous disons ordinairement, parce que l'usage n'autorise quelquefois qu'une seule quantité. Le dictionnaire et l'étude des bons auteurs feront connaître ces exceptions.

Troisième règle. — Toute finale brève, terminée par une consonne, devient longue devant un mot commençant par une consonne.

Ainsi dans ce vers ;

> Mōllī paūlātĭm flāvēscēt cāmpŭs ărīstā. *Virg.*

les syllabes *tĭm* et *cĕt*, brèves de leur nature, deviennent longues, parce que le mot qui les suit commence par une consonne. Au contraire *pŭs* reste bref devant *arista* qui commence par une voyelle.

> Molli paulatīm flavescēt campŭs arista.

Cette règle, si importante à cause du fréquent usage qu'on en fait, s'appelle *règle de position*.

NOTA. 1° En latin, la lettre *h* n'a aucun effet par rapport à la quantité. Toutes les fois donc qu'une finale brève terminée par une consonne se

---

1. + On connaît que deux consonnes appartiennent à une syllabe différente dans les trois cas qui suivent : — quand, dans un mot composé, la première consonne appartient à l'un des composants, la seconde à un autre : *ob-ruo;* — quand les deux consonnes sont la même lettre : *il-le;* — quand les deux consonnes ne peuvent être les lettres initiales d'un mot quelconque : *am-bo;* aucun mot ne peut commencer par *mb;* mais on écrira : *a-stra, fe-stus,* parce que les consonnes *str* et *st* se trouvent souvent au commencement des mots.

trouvera devant un mot commençant par cette lettre, la règle de position n'aura pas d'application, et la syllabe finale restera brève.

> Impiŭs hæc tam culta novalia milĕs habebit,
> Barbarŭs has segetes!   *Virg.*

Les finales de *impius, miles, barbarus*, restent brèves, comme s'il y avait *impiŭs æc..., milĕs abebit..., barbarŭs as...*

Cette remarque s'étend à toutes les autres règles de la prosodie. Dans quelque circonstance que ce soit, la lettre *h* est nulle; elle n'a d'effet que sur la prononciation.

2° On doit éviter, après une finale brève terminée par une voyelle, de mettre un mot commençant par *x*, *z* ou par deux consonnes dont la seconde ne soit pas un *l* ou un *r*, comme *mœniă scandit, aureă zona...* Mais on peut faire suivre cette finale d'un mot commençant par *j*, ou par une muette et une liquide.

> Contenta cervicĕ trahunt stridentiă plaustra. *Virg.*

Cette règle n'est pas d'une rigueur absolue.

TROISIÈME RÈGLE GÉNÉRALE
Quantité d'une voyelle suivie d'une autre voyelle.

Règle. — Toute voyelle, immédiatement suivie d'une autre voyelle dans le même mot, est brève : *Dĕus, mĭhi, nĭhil, patrĭa.....*

> Tityre, dum redĕo, brevis est vĭa, pasce capellas. *Virg.*

EXCEPTIONS. — 1° Tous les génitifs en *ius* ont la pénultième commune, moins *alterĭus* où elle est toujours brève, et *alĭus* où elle est toujours longue[1].

> Navibus, infandum! amissis unīus ob iram. *Virg.*
> Unīus ob noxam et furias Ajacis Oïlei. *Id.*

2° Au génitif et au datif singuliers de la cinquième déclinaison, la voyelle *e* est longue lorsqu'elle se trouve entre deux *i* : *Diēi, speciēi...* Autrement elle est brève : *Rĕi, spĕi*, et non *rēi, spēi*[1].

> Nunc adeo melior quoniam pars acta diēi. *Virg.*

3° La syllabe *fi* est longue dans tous les temps du verbe *fio*, où l'on ne trouve pas la lettre *r* ; brève lorsque *r* s'y trouve : *Fīam, fīebant, fĭeri, fĭerem*[2].

> Omnia jam fīent, fĭeri quæ posse negabam. *Ovid.*

---

1. Voyez la note C à la fin du volume.

Les anciens poëtes faisaient en *aii*, et par contraction *āī*, les génitifs de la première déclinaison : *aulāī*, pour *aulæ*, *aurāī*, pour *auræ*. Mais cette forme est tombée en désuétude.

2. Voyez la note C à la fin du volume.

4° Dans les mots tirés du grec, les voyelles gardent leur quantité, même quand elles sont suivies d'une autre voyelle : *Ænēas* (Αἰνείας), *heros, herōis,* (ἥρως, ωος [1])...

QUATRIÈME RÈGLE GÉNÉRALE

Quantité des composants dans les mots composés

1ʳᵉ Règle. — Les mots composés (*ponere cum*, mettre avec, unir) gardent généralement la quantité de leurs composants : *ăbīrĕ* (*ăb-īrĕ*), *dēpēllĕrĕ* (*dē-pēllĕrĕ*), *dīvēllĕrĕ* (*dĭ-vēllĕrĕ*), *sēdūcĕrĕ* (*sē-dūcĕrĕ*), *trājĭcĭŏ* (*trā* pour *trans-jācĭŏ*), *vēsānŭs* (*vē-sānŭs* [2])...

Mais ils sont subordonnés aux règles générales qui précèdent [3] : *cīrcŭmdărĕ* (*cīrcŭm-dărĕ*), *dĕhīscŏ* (*dē-hīscŏ*)...

Et tumulum facite, et tumulo sŭpĕrāddĭtĕ carmen. **Virg.**

Cette règle souffre des exceptions que nous diviserons en deux classes, selon qu'elles atteignent les mots composés dans le premier ou dans le second des composants.

EXCEPTIONS RELATIVES AU PREMIER DES COMPOSANTS.

La particule longue *di* ou *dīs*, s'abrége, quand le second composant commence par une voyelle : *dĭrimo* (*dīs-emo*), *dĭribeo* (*dīs-habeo*), *dĭsertus* (*dīs-ars, artis*)...

Fecundi calices quem non fecere dĭsertum. **Hor.**

---

1. Voyez la cinquième règle générale.

2. Les particules *di, se, tra, ve,* sont des mots altérés qui n'existent que dans les composés. Il en est ainsi de l'ancienne négation *nĕ* et de la particule réduplicative *rĕ*, dont nous parlerons bientôt.

3. + Cependant la particule réduplicative *rĕ* reste ordinairement brève devant un mot commençant par une muette et une liquide : *rĕcreo* et non *rēcreo; rēfluit, rĕprobo*... On trouve néanmoins une dizaine de verbes où cette particule est commune, ce sont : *rĕclīno, rĕcludo, rĕgredior, rĕpleo,* et quelquefois *rĕclamo, rĕfloresco, rĕfreno, rĕfrigesco, rĕtribuo*..... Puisque nous parlons de la particule réduplicative *re,* faisons remarquer qu'il ne faut pas la confondre avec l'ablatif de *res, rē :* dans le premier cas, *rĕ* est bref; il est long dans le second, *rē : rēfert,* il importe (*fert-rē*); *rĕfert,* il rapporte, il apporte de nouveau.

Le poëte Stace conserve assez souvent à la préposition *dē* sa quantité dans le verbe *dē-esse, dē-est.* Mais il vaut mieux unir les deux voyelles par synérèse dans une seule syllabe : *deēst, deĕram;* si l'on ne fait pas la synérèse, il vaut mieux abréger la préposition : *dĕesse, dĕero*... Voir note B, 2°, *Synérèses.*

2° Lá préposition *pro*, qui est longue de sa nature, est brève dans les mots suivants et dans leurs dérivés : *prŏ-cella, prŏ-fanus, prŏ-fari*[1], *prŏ-fecto, prŏ-festus, prŏ-ficiscor, prŏ-fugio, prŏ-fundus*[2], *prŏ-nepos, prŏ-neptis, prŏ-pago*[3] (enfant), *prŏ-tervus*, et dans les mots tirés du grec[4].

> Talia jactanti, stridens Aquilone prŏcella... Virg.

Pro est commun dans les verbes *prŏ-curo, prŏ-fundo, prŏ-pago, prŏ-pino*. Ailleurs, il suit la règle générale : *proficio, prō-luo.....*

3° La négation *nĕ* s'allonge quelquefois : *Nē-quando, nē-quicquam*... *Sĭ* est bref dans *sĭ-quidem, quandŏ* dans *quandŏ-quidem, hōc* dans *hŏdie : Ubĭ* et *ibĭ* allongent toujours leur finale dans *ubī-que, ibī-dem*, et l'abrégent dans *ubĭ-vis, ubĭ-cumque*.

EXCEPTIONS RELATIVES AU SECOND DES COMPOSANTS.

Toutes les fois que le second des composants n'a pas subi d'altération, en entrant dans la composition du mot, il conserve sa quantité. Il n'y a d'exception que pour l'adverbe *quomodŏ (quo-modō)* et l'adjectif *perfĭdus (per-fĭdus)*.

Ainsi dans les verbes *ad-jŭro, de-jŭro*, le second composant *jŭro* n'a pas été altéré, il gardera sa quantité.

Mais si le second des composants a été altéré, il y aura quelques mots dans lesquels la quantité variera ; ces mots sont principalement :

---

1. On trouve dans Catulle la première syllabe de ce verbe allongée : *Talia prōfantes...*, mais cet exemple n'est pas à imiter.

2. De l'adjectif *prŏfundus* vient le verbe *profundo* dont la première syllabe devrait être brève, d'après la règle des dérivés; mais on trouve cette syllabe allongée si souvent, et dans un si grand nombre d'auteurs, qu'il semble juste de la ranger parmi les syllabes communes : *prōfundo*.

3. Il ne faut pas confondre *prŏpago*, signifiant enfant, avec *prŏpago*, signifiant rejeton de vigne, provin. Dans le premier cas, la préposition est brève; elle est longue dans le second.

4.+ La préposition πρό, étant brève en grec, conserve sa quantité dans les mots latins tirés du grec : *Prŏlogus, Prŏpontis* (πρόλογος, Πρόποντις).

Băcillum (petit bâton), qui a été allongé dans *imbēcillus*, faible (*in-bacillum*, sans appui).

Dĭco, abrégé dans *causi-dĭcus*, *fati-dĭcus*, et les autres adjectifs en *dĭcus*.

Jūro, abrégé dans *de-jĕro*, *pe-jĕro*, *e-jĕro*.

Nūbo, abrégé dans *con-nŭbium*, *in-nŭba*, *pro-nŭba*, *sub-nŭba*.

Alicubĭ, abrégé dans *si-cubĭ* (*si-alicubi*[1]).

2ᵉ **Règle.** — Les voyelles de liaison, c'est-à-dire les voyelles qui se trouvent entre les deux composants, sans faire partie intégrante du premier, sont généralement brèves : *hex-ă-meter* (ἕξ, μέτρον), *caus-ĭ-dicus* (*causa*, *dico*), *quadr-ŭ-pes* (*quadrum*, *pes*[1])...

Trojŭgenas et tela vides inimica Latinis. *Virg.*

EXCEPTION. — *E*, voyelle de liaison, est commun dans *liquĕfacio*, long dans *expergēfacio* : *i* est long dans les composés de *dies*, *bĭduum*, *quotĭdie*,... commun dans *parrĭcida*, *matrĭcida*[2].

1.+ Il est souvent difficile de déterminer quand la voyelle est une simple liaison, ou quand elle fait partie intégrante du premier composant. En général, la voyelle appartient au premier composant, et en garde la quantité dans les deux cas qui suivent : — quand elle fait partie du radical : *venē-ficium* (*venēn-um facere*); si cependant le premier composant était un monosyllabe, et que cette syllabe fût altérée, la voyelle devrait être considérée comme une voyelle de liaison : *trĕ-decim* (*ter-decem*), *bĭ-color* (*bis, color*), excepté dans *sē-decim* (*sex, decem*); — quand elle est la terminaison régulière du mot : *verī-similis*, *quō-circa* : l'*i* de *veri* est la terminaison régulière du génitif régi par *similis*; l'*o* de *quo* est la terminaison régulière de l'ablatif régi par *circa*. (Voir note D.) Une même voyelle peut être quelquefois une liaison, et quelquefois la terminaison régulière du mot; le sens établira la différence. Ainsi dans *carnĭfex*, *astrŏ-logus*, les voyelles *i* et *o* sont des liaisons, parce que, lors même que le mot *caro* a un cas terminé en *i*, et *astrum* un cas terminé en *o*, ces cas ne sont pas demandés par le sens; c'est accidentellement que la voyelle de liaison ressemble ici à celle qui termine les datifs ou ablatifs de *caro* et de *astrum*.

2. Certains grammairiens contestent la légitimité de cet allongement, surtout dans le mot *parrĭcida*, qu'ils veulent toujours bref. — On trouve souvent, surtout dans les poëtes de la Renaissance, le mot *quotidie* employé avec la quantité suivante : *quōtĭdĭē*; mais cette quantité, basée plutôt sur la facilité de la mesure que sur les règles et sur l'autorité des bons auteurs, ne saurait prévaloir sur la quantité régulière, *quŏtĭdĭē*.

CINQUIÈME RÈGLE GÉNÉRALE

Quantité des mots dérivés.

Règle. — Les dérivés (*derivare, de rivo*) conservent la quantité de leurs primitifs : *hiems, hĭĕmis* (primitif), *hĭĕmalis* (dérivé) ; *quĭes, ētis* (primitif), *quĭētus* (dérivé) ; *pērsĕcūtus, pērsĕcūtor ; Tārtăra, tārtăreus*.

Nous allons appliquer cette règle aux mots dérivés du latin, et aux mots dérivés du grec.

I. — MOTS DÉRIVÉS DU LATIN.

Les mots dérivés du latin ne conservent, le plus souvent, de leurs primitifs, que le radical ; ils ont presque toujours une finale différente, et quelquefois même ils ajoutent à ce radical une assez longue terminaison.

Ainsi du primitif *long-us* sont venus l'adverbe *long-e*, le substantif *long-itudo*... *pi-us* (primitif), *pi-e, pi-etas* (dérivés) ; *liv-or, liv-idus ; plac-eo, plac-idus, plac-iditas*... Nous ne nous occuperons ici que de la quantité du radical ; car la quantité de tout ce qui n'est pas radical sera l'objet des autres règles de cette première partie.

Le radical du primitif conserve sa quantité dans les mots dérivés : *cūr-a* (primitif), *cūr-are, cūr-io* (dérivés)...

EXCEPTIONS. — 1° Une voyelle, suivie de deux consonnes dans le primitif, devient ordinairement brève dans le dérivé, quand elle perd une de ces consonnes : *fĭngo, fĭgura*[1] ; *far, fārris, fărina*...

2° Les exceptions de détail sont trop nombreuses : voici les principales ; l'usage apprendra les autres.

Āc-er = ăc-erbus	Lĭb-et = līb-er	Rŭb-er = rūb-igo
Āt-er = ātr-ox	Lux-ūcis = lŭc-erna	Sĕd-eo = sēd-es
Dūc-o = dūx-ŭcis	Măc-er = māc-ero	Sŏp-or = sōp-io
Fĕr-io = fĕr-iæ	Mōl-es = mŏlestus	Tĕgo = tēg-ula
Fĭd-es = fīd-o	Nōtus = nŏta (subst.)	Vox, ōc-is = vŏco
Frĭ-o = frī-v-olus	Ōd-i = ŏd-ium	Vŏm-o = vōm-er.
Hŏm-o = hūm-anus	Prōcĕrus = prŏcĕr-es	
Lĕg-o = lex, lēgis	Rex, ēgis = rĕgo	

1. + Les verbes terminés en *ango* font exception : *contāgium* (*cum, tango*), *compāges* (*cum, pango*). Les dérivés de *frango* deviennent cependant brefs : *naufrăgium, ossifrăgæ, frăgor, frăgilis*..., moins *suffrāgium*.

II. — MOTS DÉRIVÉS DU GREC.

Dans les mots latins tirés du grec, toutes les fois qu'une voyelle remplace un *éta*, ou un *oméga*, ou une diphthongue, cette voyelle est longue; elle est brève si elle remplace un *epsilon* ou un *omicron*; enfin, si elle tient lieu d'une des communes, *alpha*, *iota*, *upsilon*, elle est longue ou brève, selon que la commune est dans le mot grec correspondant longue ou brève : *Phăĕthōn* (Φαέθων, *alpha* bref), *ēchō* (ἠχώ), *Pēlĭŏn* (Πήλιον), *crŏcŏdīlŭs* (χροχόδειλος), *Hīppŏcrēnē* (Ἱπποχρήνη), *dīŭs* (δῖος, *iota* long), *Thĕtĭs* (Θέτις, *iota* bref), *Tēthȳs* (Τηθύς, *upsilon* long).

Comme on le voit, les mots latins tirés du grec ne suivent pas la quantité de leurs primitifs seulement au radical, mais même à la finale[1].

SIXIÈME RÈGLE GÉNÉRALE

Quantité dans les parfaits.

Première règle. — *Parfaits de deux syllabes.* — Les parfaits de deux syllabes ont la pénultième longue : *Lāvi, fēci, vīdi, mōvi, fūgi...* et ils gardent cette quantité aux temps qu'ils servent à former : *fēcero, vīdisse, fūgerim...*

Ah! Corydon, Corydon, quæ te dementia cēpit? *Virg.*

EXCEPTION. — La pénultième est brève dans les six parfaits suivants : *Bĭbi, dĕdi, fĭdi (findo), scĭdi (scindo), stĕti, tŭli.*

Insonuere cavæ gemitumque dĕdere cavernæ. *Virg.*

---

1. Il est des mots qu'un très-fréquent usage a entièrement latinisés; alors ils s'écartent parfois de la quantité de leurs primitifs. Il en est d'autres qui ont été latinisés quant à la terminaison seulement : *Pătĕr, patrēs, mātĕr, mātrēs, pĕdēs, scēnă, dĕă, Tantălĕŭs* (πατήρ, πατέρες, μήτηρ, μητέρες, ποδές, σχηνή, θέα, Ταντάλειος)... L'usage les fera connaître. Ce sont les noms propres qui conservent le plus souvent en latin les formes grecques. Voir l'appendice sur les déclinaisons grecques.

Deuxième règle. — *Parfaits qui ont un redouble-ment.* — Les parfaits qui ont un redoublement le font bref : *Cado, cĕcidi, curro, cŭcurri, spondeo, spŏpondi*.....

    Aspice, ventosi cĕciderunt murmuris auræ. *Virg.*

La syllabe qui suit le redoublement, conserve la quan-tité qu'elle avait dans le présent : *Cădo, cecĭdi, cædo, cecĭdi*......

Il y a exception dans le cas où la voyelle, suivie de deux consonnes au présent, en perd une au parfait : alors la syllabe devient brève : *Disco, didĭci ; pango, pe-pĭgi*...

    Nec tecum meus hæc pepĭgit tibi fœdera Lausus. *Virg.*

    Troisième règle. — *Parfaits ordinaires.* — Le radi-cal dans, les parfaits ordinaires, conserve la quantité qu'il avait au présent : *ēsŭr-io, ēsŭr-ii ; sĕc-o, sĕc-ui ; sŏn-o, sŏn-ui ; tĕn-eo, tĕn-ui*.....

    Impiaque æternam tĭmuerunt sæcula noctem. *Virg.*

Il n'y a qu'un très-petit nombre d'exceptions : *Divĭdo, divīsi ; pōno, pŏsui*[1].....

SEPTIÈME RÈGLE GÉNÉRALE

Quantité de la pénultième des supins.

    Première règle. — Tous les supins qui ne sont pas terminés en *itum* ont la pénultième longue, et cette quan-

---

1. + Toutes les règles des parfaits sont subordonnées aux règles géné-rales qui précèdent. Ainsi, les parfaits *lŭi, spŭi*, quoiqu'ils n'aient que deux syllabes, ont cependant la pénultième brève, conformément à la troisième règle générale. D'après la quatrième règle générale, les parfaits dont nous venons de parler conserveront aussi leur quantité dans les verbes composés : *defēci (de-fēci), convēnero (cum-vēnero), dimōvisse (di-mōvisse)*. Souvent un verbe qui a un redoublement au parfait, perd ce redoublement lorsqu'il fait partie d'un mot composé : *com-pello, com-puli*, et non *com-pepuli* ; on doit laisser alors aux syllabes du verbe la même quantité qu'elles avaient dans le parfait redoublé : ainsi dans *compŭli*, la syllabe *pŭ* reste brève, parce qu'elle l'était dans *pepŭli*.

tité passe au participe futur actif, et au participe passé passif : *Amātum, imbūtus, vīsurus* [1].....

Pacătumque reget patriis virtutibus orbem. *Virg.*

EXCEPTION. — Les supins *dătum, rătum* (*reor*), *sătum* (*sero*), *stătum* (*sisto* et non *sto*), *rŭtum* (inusité au simple mais employé dans les composés *dirŭtus, obrŭtus*), ont la pénultième brève.

Qua dăta porta ruunt, et terras turbine perflant. *Virg.*

Deuxième règle. — Les supins en *itum* ont aussi la pénultième longue, lorsqu'ils appartiennent à des verbes qui ont le parfait en *ivi : Cītum* (*cio, civi*), *munītus* (*munio, ivi*), *quæsīturus* (*quæro, quæsivi*) [2].....

Venimus huc lapsis quæsītum oracula rebus. *Virg.*

EXCEPTION. — Le supin du verbe *ire* et de ses composés, *ĭtum, adĭtum, redĭtum*, moins *ambītum*, a la pénultième brève, ainsi que le supin *sĭtum* (*sino, sivi*) [3].

O mihi præteritos referat si Jupiter annos ! *Virg.*

Troisième règle. — Tous les autres supins en *itum* ont la pénultième brève : *cĭtum* (*cieo*), *credĭturus, monĭtum, vetĭtus* [4].....

Discite justitiam monĭti, et non temnere divos. *Virg.*

---

1. Remarquez que la syllabe qui est pénultième au supin devient antépénultième au participe futur actif : *amātum, amāturus*.

2. ✛ Les verbes déponents qui ont le supin en *itum* auront la pénultième longue, s'ils appartiennent à la quatrième conjugaison, *blandītum*, parce que les verbes de la quatrième conjugaison ont ordinairement le parfait en *īvi ;* excepté cependant le verbe *orior*, dont on peut voir la conjugaison irrégulière à la fin du volume, note F. Les supins en *itum* des autres verbes déponents sont tous brefs à la pénultième : *pollicĭtum, morĭturus*.

3. On ajoute quelquefois à ces exceptions le supin du verbe *queo*, *quĭtum, quĭturus*. Mais ces modes sont inusités. Le participe passé *quĭtus* est le seul qu'on trouve dans les auteurs ; encore les exemples en sont-ils si rares, qu'ils ne sauraient autoriser l'emploi de ce mot, surtout en poésie.

4. ✛ Assez souvent il arrivera qu'un verbe n'aura pas de supin, et cependant aura soit un participe futur actif, comme on le voit dans *oriturus*, soit un participe passé passif. Il faut alors supposer un supin, et donner à la pénultième de ce supin la quantité convenable, selon les règles que

Excepté les supins *recensĭtum* (*recénseo, recensuĭ*) et *oblĭtum* (*obliviscor*)......

HUITIÈME RÈGLE GÉNÉRALE

Quantité des voyelles finales devant les consonnes.

Nota. — Sur les dix-neuf consonnes, il en est sept qui ne se trouvent jamais à la fin des mots; ce sont : F, G, J, K, P, Q, V. La quantité des voyelles devant H, X, Z, a déjà été déterminée par la seconde règle générale. Il ne nous reste donc plus qu'à nous occuper des neuf consonnes B, C, D, L, M, N, R, S, T.

Première règle. — Toutes les voyelles finales sont brèves devant les consonnes B, D, L, M, R, T : *ăb, sŭb; ăd, sĕd, apŭd; animăl, mĕl*[1]*; rosăm, docerĕm; calcăr, martўr, cŏr*[2]*, legitŭr; amăt, audĭt, sicŭt*.....

> Procubuit moriens, ĕt humum semĕl ore momordĭt. *Virg.*
> Hinc alta sub rupe canet frondatŏr ăd auras. *Id.*
> Vitaque cum gemitu fugĭt indignata sŭb umbras. *Id.*

Exceptions. — 1° Les noms propres étrangers ont généralement la finale longue : *Achāb, Jōb, Baāl, Ephraïm, Samuēl*...

2° Les monosyllabes *sāl, sōl, fār, lār, pār* et ses composés, *cūr, fūr* ont la finale longue, ainsi que les noms en *ēr*, tirés du grec, et qui ont un ἦτα : *aēr, cratēr, vēr*[3], (ἀήρ, κρατήρ, ἔαρ, ἦρ)....

> Callidus effracta nummos fūr auferet arca. *Mart.*

---

nous venons d'établir. Ainsi, si l'on trouve le participe futur *moriturus*, on supposera le supin *morĭtum*; et on donnera la quantité brève à la pénultième de ce supin, puisqu'il est terminé en *ĭtum*, et qu'il n'appartient pas à des verbes ayant le parfait en *īvi*.

Quelquefois même le participe passé suppose un supin différent de celui que demande le participe futur actif du même verbe : alors il faut agir comme si les deux supins existaient : *Orior, orĭturus, ortus sum* (*orĭtum, ortum*); *morior, morĭturus, mortuus* (*morĭtum, mortuum*).

1. Quelques auteurs veulent que la finale soit longue dans les mots *fel* et *mel*, mais leur sentiment n'est pas fondé.

2. Le mot *cor* est regardé par plusieurs comme commun; mais leur sentiment n'est pas assez fondé, puisqu'ils ne sont appuyés que sur un vers d'Ovide, dans lequel ce mot est long. Encore Port-Royal et d'autres critiques contestent-ils l'authenticité de ce vers.

3. + Remarquez que dans cette exception l'on ne parle que des noms

Deuxième règle. — Toutes les voyelles finales sont longues devant les consonnes C et N : *hāc, hymēn, sīc, quīn, dūc...*

> Hūc ades : insani feriant sine littora fluctus.
> Nōn omnes arbusta juvant, humilesque myricæ. *Virg.*

EXCEPTIONS. — 1° La finale est brève dans les mots *făc, nĕc, donĕc, ăn, tamĕn, in,* et dans leurs composés, tels que *forsăn, deĭn, proĭn*[1], *attamĕn...,* elle est commune au nominatif masculin du pronom *hĭc.*

> Donĕc eris felix, multos numerabis amicos. *Ovid.*

2° Les noms en *en* de la troisième déclinaison ont la finale brève, quand ils ont le génitif en *inis : carmĕn, inis; flumĕn, inis...*

> Candidus insuetum miratur limĕn Olympi. *Virg.*

3° *On* final est bref dans les mots tirés du grec, quand le primitif est en *ov* par un omicron : *Iliŏn* (Ἴλιον)*... in* ou *yn* final est bref à l'accusatif singulier des mots grecs terminés par *ĭs* ou *ўs* bref au nominatif : *Daphnĭn* (*Daphnĭs*) *: chelўn* (*chelўs*)[2]*...*

> Iliŏn, et Tenedos, Simois, et Xanthus, et Ide. *Ov.*

Troisième règle. — Les finales en *ās, ēs, ōs* sont longues; celles en *ĭs* et en *ŭs* sont brèves.

> Mirabar quid mœsta deōs, Amarylli, vocarēs,
> Cui pendere sua patererĭs in arbore poma. *Virg.*

Cette règle souffre de nombreuses exceptions.

---

en *er* (ηρ), et non des noms en *or.* C'est que les mots latins en *or* sont brefs, lors même qu'ils sont dérivés de mots grecs terminés en ωρ: *Hectŏr* (Ἕκτωρ), *rhetŏr* (ῥήτωρ).

1. Les mots *deĭn, proĭn,* out la finale brève, lorsqu'ils forment un dissyllabe, mais il vaut mieux en faire un monosyllabe; alors ils deviennent longs par synérèse : *deīn, proīn.*

Joignez encore à ces exceptions les apocopes *egŏn, nostĭn, vidĕn,* pour *egone, nostine, videsne.*

2. *An* final est bref à l'accusatif de certains noms grecs en α de la première déclinaison : *Ossă, Ossăn* (Ὄσσα; Ὄσσαν)*...* Voir appendice sur les déclinaisons grecques.

EXCEPTIONS. — 1° *As* est bref — au nominatif et au vocatif singuliers des noms qui ont le génitif en *adis* ou *ados;* — à l'accusatif pluriel des noms grecs de la troisième déclinaison; — dans le mot *anăs* (canard); *lampăs, adis, heroăs...*

Demoleos cursu palantes Troăs agebat. **Virg.**

2° *Es* est bref — dans *ĕs*, de *sum*, et dans ses composés — dans la préposition *penĕs* — au nominatif et au vocatif singuliers des noms de la troisième déclinaison, qui ont le crément bref; *divĕs, ĭtis; segĕs, ĕtis...* moins *abiēs, ĕtis; ariēs, ĕtis; Cerēs, ĕris; pariēs, ĕtis; pēs, ĕdis,* et ses composés *sonipēs, quadrupēs* — dans les finales des mots grecs dont les primitifs sont terminés en ες : *Troĕs* (Τρῶες[1])...

Stat sonipēs, et frena ferox spumantia mandit. **Virg.**
Me tamen exstincto, fama superstĕs erit. **Ovid.**

3° *Os* final est bref dans les mots *compŏs, impŏs, ŏs* (*ossis*) et son composé *exŏs*, et dans les noms grecs en *os* qui remplacent un omicron : *Melŏs* (μέλος), *Palladŏs* (Παλλάδος)...

Insequere, et voti postmodo compŏs eris. **Ovid.**

4° *Is* final est long — à la seconde personne du singulier des subjonctifs présents terminés en *im*, et de l'indicatif présent actif des verbes de la quatrième conjugaison : *sīs, velīs, faxīs*[2], *audīs, venīs* — dans tous les datifs et ablatifs pluriels, sans exception, et dans les adverbes qui sont de véritables ablatifs : *rosīs, nobīs, gratīs, forīs...* au

---

1. Voir, sur les finales en *es* dans les mots grecs, l'appendice qui traite des déclinaisons grecques (page 46).

2. Au futur passé de l'indicatif, et au parfait du subjonctif, on trouve assez souvent la finale *ris* allongée, surtout quand elle est précédée de deux syllabes brèves : *præbŭĕrīs, dĕdĕrīs...*; on peut suivre cette quantité.

Sīs, ausīs, faxīs, sont d'anciennes formes contractes d'une vieille conjugaison : *siem, sies, siet,* d'où *sim, sīs, sit.* On trouve cependant cette finale abrégée dans Juvénal :

Tam jejuna fames! quum possĭs honestius illic...
(Sat. V, vers 10.)

nominatif singulier des noms de la troisième déclinaison qui ont le crément long : *līs, ītis ; Quirīs, ītis* [1].....

> Sustulit exutas vinclīs ad sidera palmas. *Virg.*
> Grammatici certant, et adhuc sub judice līs est. *Hor.*

5° *Us* final est long — au nominatif et au vocatif singuliers des noms de la troisième déclinaison, qui ont au génitif un *u* pour crément ; *grūs, gruis ; tellūs, uris* [2]... — au génitif singulier, au nominatif, au vocatif et à l'accusatif pluriels des noms de la quatrième déclinaison : *manūs, vultūs* [3] — dans les noms grecs où il remplace la diphthongue ου : *tripūs* (τρίπους), *Panthūs* (Πάνθοος, ους [4])...

> Sic erat instabilis tellūs, innabilis unda. *Ovid.*
> Det motūs incompositos, et carmina dicat. *Virg*

NOTA. — Cette règle est subordonnée aux règles générales qui précèdent. Par conséquent, les finales en *m* seront toujours longues dans le corps du vers, bien qu'elles soient brèves par elles-mêmes ; en effet, si le mot qui les suit commence par une voyelle, elles seront élidées ; si le mot suivant commence par une consonne, elles deviendront longues en vertu de la règle de position.

QUESTIONNAIRE ET EXERCICES

SUR LE PREMIER CHAPITRE.

1° Qu'appelez-vous règles générales et règles particulières ?

2° Qu'enseigne la première règle générale ? — Quelle

------

1. *Semĭs, semissis,* a la finale brève, bien qu'il ait le crément long. On trouve quelquefois, mais rarement, le mot *bis* allongé.

2. Le mot *intercŭs, intercutis,* fait exception.

L'adverbe *plus* est long, parce qu'il n'est pas autre chose que le neutre du comparatif *plūs, pluris,* qui a un *u* pour crément.

3. A ces différents cas, *us* final est le résultat d'une contraction : au génitif singulier, *manus* est pour *manuis* ; au pluriel, pour *manues.* Voir Burnouf, *Grammaire latine,* § 21, 1re remarque.

4. Voir sur ces désinences grecques en *us* l'appendice sur la déclinaison des mots tirés du grec (2e déclinaison contracte, et 3e déclinaison contracte, n° 6).

remarque faites-vous sur la préposition *præ* et sur la voyelle *u*?

EXERCICES. — Mettez, dans les mots suivants, la quantité de toutes les syllabes sur lesquelles elle n'est pas indiquée.

Ægeus, Ægei (dissyllabes); bobŭs (bovibus, boibus); raucæ; præustŭs; ēvoe (dissyllabe); eugĕ; pleiăs; ālveǎrĕ (trissyllabe); ĭmbŭtŭm (imbuitum); nonŭs (novenus, noenus); aut; fĭli (filie); Eubæă; dehinc (monosyllabe); præsŭl: suaptĕ (dissyllabe); ēxhaustŭs; sērvibănt (serviebant); ceu; nolŏ (nĕ vŏlo, nĕŏlo); proindĕ (dissyllabe); motŭm (movitum, moitum); præĕrănt; heu; flerūnt (fleverunt, fleerunt); nemŏ (nĕ hŏmo; dĕum (deorum, deoum); eiă; vūltus (génitif singulier, pour vultuĭs); tĭbicĕn (tibi-icen); præmĭŭm; debĭlĭs (de-habilis); ōti (otii); deerĭnt (dissyllabe); Alcyŏneus, Alcyŏnei, Alcyŏnea (quatre syllabes); prūdēntum (prudentium); ĭndutŭs (induitus); bigæ (bĭjŭgæ, bĭŭgæ); flumen (fluvimen, fluimen); vipĕră (vivi, vii, vi-pario); āmbagēs (ambo-ago); focŭlă (plur. neut. pour fovicula, foicula, réchaud); ārcuatŭs (trissyllabe); hārpyiæ (trissyllabe).

3° Quelle est la quantité d'une voyelle suivie d'une lettre double, ou de deux consonnes dont la seconde n'est pas L ou R? — Que faut-il pour qu'une voyelle suivie de deux consonnes, dont la seconde est une liquide, soit commune? — Lors même que la voyelle sera suivie d'une muette et d'une liquide dans la même syllabe, sera-t-elle toujours commune? — Qu'enseigne la règle de position? — Quelle est la valeur de la lettre H en latin?

EXERCICES. — Vix; Parcæ; ejŭs; agrī, agrestĭs (ăger); Afrĭcānŭs (āfer); genuă (genva); abiĕtĭs (abjetis : l'*i* et l'*u* se changent quelquefois, le premier en *j*, le second en *v*); tunc; quadrigæ (quadrijugæ, quadriugæ); imbellĭs; oblatratrix (ob-lātrātor); fratrĭcīdā (frāter); pariĕtēs (parjetes); octobrĭs (octōber); Pompeiŭs (Pompejus); neglĭgŏ (nec-lego); tenuĭs (tenvis); geometră (trissyllabe); egrĕdĭŏr (ē-gradior); abiegnŭs (abjegnus); errans; citrā (cīs-tra); veprēs; quămobrĕm (quam-ob-rem); suprā, suprēmŭs (sŭper); obryzŏn (ὄϐρυζον); (abrĭpĭŏ (ab-rapio); mŏdĕratrix (moderātor); fabrĭcă (făber); fĕretrŭm; acrĭs, acrĕ, acrĭtĕr (ācer); phăretră (φαρέτρα); quadrijŭgŭs; insignĭs; quinquejŭgī; bijŭgĭs; duplex; latrōnēs; vertens; retrō.

Que penser de ces fins de vers?

Æquora spumant : carpere plausus : ænigmata sphyngis : vilia spernit : ordine primi : littora Xanthi : Saturnia Juno : aurea zona : florida prata : sanguine clarus...

4° Quelle est la quantité d'une voyelle suivie d'une autre voyelle dans le même mot? — Quelles sont les exceptions à cette règle?

EXERCICES. — Pătientiă; utrĭŭs (ŭter); quiescens; fĭēbant; depre-hendĕrĕ (dē-prehendere); ipsiŭs; crebriŏr (crēber); cohortem tertiăm; tĕnuĭs (trissyllabe); ălĭŭs (nominatif), ălĭŭs (génitif); vehĕmentiŭs; fĭĕri; reī; Æneădæ (Αἰνεάδαι); gĕnuă (trissyllabe); altĕriŭs; Æneĭs (Αἰνηΐς); spĕcieī; fiunt; arguŏ; nulliŭs; aēr (ἀήρ, alpha long); imbuŏ; fĭdeī; quiă; diŭs (δῖος, iota long); vehĕrĕ; făciĕ; Æsōpeŭs (Αἰσώπειος); rĭguŭs; speī; Ăchĕloiăs (Ἀχελωΐάς, iota bref); effĭgieī; fĭĕrĕt.

5° Quelle est la quantité des mots composés? — Sont-ils subordonnés aux règles générales qui précèdent? — Quelles sont les principales exceptions relatives au premier des composants; — relatives au second des composants? — Qu'appelez-vous voyelle de liaison? — Quelle en est la quantité?

EXERCICES. — Abditŭs (ăb-dătŭs); direptus (dis-raptŭs); redigŏ (rĕd-ăgo, *d* euphonique); profatŭr (prō-fāri); rejiciŏ (rĕ-jăcio); ignivomī quadrupedes (ignem-vŏmo = quătuor-pĕdēs); proclivĭs (prō-clīvus); proboscĭs (πρὸ-βόσκω); pontifices sacrificant (pontem-făcio = săcer, sacrum-facio); conjugēs (cŭm-jŭgum); regrediŏr (rĕ-grădiŏr); părăsitŭs (παρά-σῖτος, auprès du pain, qui court après les repas); disertŭs (dis-ars); proconsul (prō-consŭl); propāgŏ (verbe), propăgŏ (enfant), propăgŏ (provin); impunĕ (ĭn-pœna); ducentī armigerī (duo-centum = armă-gĕro); pseudoprophetă (ψεῦδος-προ-φημί); juridicŭs (jus, ūris-dīco); iricolor (iris-cŏlŏr); quocirca (quō-circă); procellă (pro-cellere, inusité, s'avancer, s'élancer); pedisequŭs (pes, pĕdis-sĕquor); simplicĭtās (sĭne-plĭca); labefacto (lăbĕfactō, pour facio); prologus (πρὸ-λόγος); reipublicæ perniciēs imminet (res, reī-pūblĭcus = pĕr-nex, ĕcis = ĭn-măneo, mănĕt); quomodo (quō-mŏdŏ, subst.); postmodo (post-mŏdŏ, adverbe); silvicola (silva-cŏlo); injuriă (ĭn-jus, ūris); reclināt (rĕ-clīno); reclusŭs (rĕ-claudo); perfĭdus (pĕr-fĭdŭs); pronepos (prō-nĕpōs); Martigenă (Mars, artis-gĕnus, fils de Mars); hodie, hodiernŭs (hōc diē); protoplasmă (πρῶτος, πλάσμα); ejuro, ejero (ē-jūro); ubique (ŭbĭ-quĕ); alibi (ălius-ĭbĭ); alicubi (ălius-quis-ŭbi); sicubi (sī-alicubi); reprobus (rĕ-prŏbŭs); provolvŏ (prō-volvo); considerārĕ (cŭm-sīdus, ĕris); procurant (prō-cūra); profitetur (prō-făteor, fătētŭr); perjuro, pejero (pĕr-jūrŏ); replerĕ (rĕ-plēre, inusité); restitit (rĕ-stĭtĭt, de sisto); prohibeŏ (prō-hăbeo); refrigescĭt (rĕ-frīgus); dirimĭt (dīs-ĕmo); depopulārī (dē-pŏpŭlus); febrifugă (febris-fŭgo); profestŭs (prō-festum); infĭdus (ĭn-fĭdŭs); connubiŭm (cŭm-nūbo); propolă (προ-πωλέω); reparare (rĕ-părārĕ); vituperare (vĭtium-părārĕ); profūsŭs, profundŏ (pro-fundus); referebat (il importait, re, subst., fĕrēbăt); referebat (rĕ, particule réduplicative, fĕrēbăt, il rapportait); traducŏ (trans-dūco); profectūrŭs (proficiscor): profectūrŭs (proficio).

6° Quelle est la règle générale pour la quantité des mots dérivés? — Cette règle s'applique-t-elle à la terminaison des mots dérivés du latin? — Quels sont les principaux dérivés dans lesquels le radical du primitif latin change de quantité? — Quelle est la règle pour les mots latins dérivés du grec?

EXERCICES. — Lapid-eŭs (lapis, lăpĭdis); animăl (ănĭmus); ex int-ĭmā reg-iā reg-ēs sub-dit-ōs reg-unt (int-us, sub-dătus); de-lic-iæ (dē-lix, lĭcis, inusité); Penclope (Πηνελόπη); radic-ĭtŭs (radix, rādīcis); mol-estī, acr-ēs ĕt acerbī duc-ēs; leg-ēs (subst.); leg-ēs (verbe); luc-ernă luc-ĕm e-mittĭt (ē-mitto); pariet-ārĭŭs (păries, ou mieux parjes, parjĕt-is); Pactolus (Πακτωλός); val-ĭdā sop-ītŭm du-cĕm voc-ĕ, voc-āvĭt (văl-eo); teg-ŭlă sed-ēs teg-ĭt; tol-ŭtĭm (adverbe, toll-o); flor-ĭdŭs (flos, flōr-is); fœner-ātŏr (fœnŏr-is); Niobe (Νιόβη, iota bref); procer-ĭbŭs famul-antŭr plur-ĭmī (fămŭl-us, plus, plūr-is); vom-ĕrĕ (ablatif de vomer); vom-ĕrĕ (infinitif de vom-o); ininnicus atrox (ĭn, ămīcŭs); libellŭs macĕr (lĭb-er, subst.); hom-ĭnēs od-ī quĭbŭs est od-iō humānŭm gĕnŭs; Socrates (Σω-κράτης, alpha bref); fid-ē (ablatif de fid-es); fid-ĕ (impératif de fid-o); flu-v-iŭs (flu-o); puer-īlĭs (puer, puĕr-i); precat-ōrĭŭs, precat-ŏr (precā-ri, prĕ-cor); Troes (Τρῶες); mac-ĕro; lava-crŭm (lavā-re, lăv-o); juven-īlīs (jŭvĕn-is); rubīgŏ; murena (μύραινα, upsilon long, alpha bref); tri-pus (τρίπους, iota bref); lib-īdŏ (lĭb-et); nov-ālĭs (nŏv-us); tep-ĭdŭs (tĕp-or); not-ă, not-ārĭŭs; ætheris (αἰθέρος); fig-ūră (fing-o); liber-ālĭs (līber, libĕr-i); fri-v-ŏlŭs; prædat-ōrĭŭs, prædāt-ŏr (præd-o); eous (ἠῶος ou ἑῶος).

7° Quelle est la quantité de la pénultième dans les par-faits de deux syllabes? — Quels sont les parfaits de deux syllabes qui ont la pénultième brève? — Dans les parfaits qui ont un redoublement, quelle est la quantité du redou-blement et de la syllabe qui suit? — Dans les parfaits ordinaires, la syllabe du radical conserve-t-elle toujours la quantité qu'elle a au présent?

EXERCICES. — Vovĭmŭs; suevĕrăt; irruērunt (in-ruo); fefellissĕt; tu-tudī (tundo); petīvī (pĕto); contrivī (cum-tĕro); irrisissĕ (in-rideo); perdidĕrĭt (per-dederit, per-do); collegĕrant (cum-lego); obtulĕrĭm (ob-fero); pepĭgĭt (pango); decrevissĕ (dē-cerno); projecĕrăt (prŏ-jacio); deposuĭt (dē-pōno); accidĭt (ad-cădo, ad-cidī pour ad-cecidi); bibērunt; conscidĭt (cum-scindo); fregissĕt; poposcĕrăt; occidērunt (ob-cædo, ob-cidi pour cecidi, ils tuèrent); occidērunt (ob-cădo, ob-cidi pour cecidi, ils tombèrent, ils moururent); tetigissent; coegĕrĭt (cogo pour co-ăgo); divisērunt (dīvĭdo); statuissĕ (stătuo); restitĕrant (re-sto); diffidĭt (dis-findo); pependistĭs (pendeo); pupugĕrint (pungo); pavĭt (pasco); occu-luissent (occŭl-o); peperissĕt (părio); emĕrŏ; momordĭt; fecĭmŭs; dis-rupĭt (dis-rumpo); vidĕrĭm; visissĕm; conspuērunt (cum-spuo); circum-dedissent...

8° Quelle est la quantité de la pénultième dans les su-pins qui ne sont pas terminés en *itum,* — dans ceux qui sont terminés en *itum?* — Que faire pour connaître la quantité de l'antépénultième d'un participe passé actif, ou de la pénultième d'un participe passé passif, lorsque le verbe n'a pas de supin?

EXERCICES. — *(Les verbes qui n'ont pas de supin usité sont précédés d'une croix.)* Imbŭtŭm ; vetĭtŭs (vĕto) ; nocĭtūrŭs (nŏceo) ; tuĭtūrŭs ; arbitrătŭs ; concĭtŭs (cum-cieo) ; concĭtŭs (cum-cio) ; abolĭtŭm (ăb-ŏleo) ; desperātŭs (de-spēro) ; dirŭtŭs (dīs-ruo) ; visū (supin passif de video) ; largītŭs ; potītŭs (pŏtior) ; sortītūrŭs ; sprētŭs ; usūrŭs ; alĭtŭs (ălo) ; satŭm (sero) ; statūrŭs (sto) ; statūrŭs (sisto) ; lacessītŭm (lăcesso, lăcessīvi) ; desĭtŭm (de-sĭno, sīvi) ; + valĭtūrus (văleo) ; explicĭtŭm (explĭco) ; audītŭs ; + calĭtūrŭs (căleo) ; mūnītŭs ; credĭtŭs (crēdo) ; divīsŭm (dīvido) ; ratŭs (reor) ; stratŭm ; concupĭtŭm (cum, cŭpio, īvi) ; + orĭtūrŭs (ŏrior) ; vomĭtŭs (vŏmo) ; oblĭtŭs (ob-lino, levi) ; oblītŭs (ob-liviscor) ; motūrŭs ; quassatŭs ; + morĭtūrŭs (mŏrior) ; statŭtŭm (stătuo)…

9° Quelles sont les consonnes qui font l'objet de la huitième règle générale ? — Quelle est la quantité des voyelles finales devant les consonnes **B, D, L, M, R, T** ? — Devant **C** et **N** ? — Exceptions à ces deux règles ? — Quelle est la quantité des mots grecs en *er, or, on, in* ?

EXERCICES. — Cŏmam tondēbat ; onerābat mensam (onus, ŏnĕr-is) ; blandiar ; numquid ; nūmen (ĭnis) ; Ābel ; attăgen (enis) ; vectīgal ; quoad (monosyllabe, avec élision du premier composant) ; far ; crīmen ; æther (αἰθήρ) ; hic (pronom) ; hic (adverbe) ; poesin (accusatif de poēsĭs) ; compar ; æquor ; ob ; Acheron (Ἀχέρων, alpha bref) ; Jācob ; sin (sinon, sion, sin) ; dic ; quod ; sătur ; cum ; ut ; exul ; istuc ; mŭgil ; nectar ; Bāal ; ōlim ; hoc ; fulgor ; Jahel (nom hébreu) ; Phorcin (nominatif) ; spopondĕrat ; forsan ; ācer, acrĭter ; vel ; lar ; Agenor (Ἀγήνωρ, alpha bref) ; imbecillum (in-bacillum) ; prŏcul ; Ægeon (Αἰγαίων) ; Ægion (Ἄιγιον, iota bref) ; Neăpŏlin (accusatif de Neapolĭs) ; Chalybon (génitif pluriel de Chălybs, ybis (Χάλυψ, υβος, Χαλύϐων) ; Dāvid ; splen (enis) ; cur ; nostin', tun' (apocopes pour nostine, tune) ; attămen ; proposuĕrim (prō-pōno) ; ver (ἔαρ) ; prŭdentum (pour prudentium) ; ăpud ; Castor (Κάστωρ) ; ĕpĭtŏmen ; Andrŏcam ; cervīcal ; pŭgil ; pejor ; sol ; fecisset ; triumvir ; lac ; affer ; Ădam ; mel ; dispar ; attulit (adtulit) ; Sălămin (nominatif) ; Sălămin (accusatif de Salamīs) ; Alexin (Alexĭs) ; crater (κρατήρ, alpha long) ; forsĭtan ; Cæsar ; oppugnat ; quotquot ; fur ; vĭrum (pour virorum, viroum, virum) ; movissent…

10° Quelle est la quantité des voyelles finales devant la consonne *s* ? — Quand *as* final est-il bref ? — Quand *es* final est-il bref ; que faut-il pour que les noms grecs en *es* aient la finale brève ? — Quand *os* final est-il bref, dans les mots latins et dans les mots grecs ? — Quand *is* final est-il long ? quelle est la quantité de *ys* final, et de la finale *ris*, dans les temps en *ero, erim* ? — Quand *us* final est-il long ? quelle en est la quantité dans les mots tirés du grec ?

EXERCICES. — Voluntas (vŏlo) ; delphīnas (accusatif pluriel de delphin, inis); fas, nefas (nĕ pour non); fămes; fĭdes; interpres, interprĕtes; pes, pĕdes; pĕdes, pedĭtes; ĕlĕphas, ĕlĕphantis, elephantes; vestis (subst.), vestis (verbe); mensis (nomin.), mensis (abl. plur.); vobis; exos; Androgeos ('Ανδρόγεως); Argos (Ἄργος); vos mĭsĕros; filius; jus; ūnius; perdidĭmus; Mantus (gén. de Manto, Μαντώ, οῦς); abbas, abbātis; tĭgrĭdas dŏmābas; cŏmes, comĭtes; Oceänītĭdes (nomin. plur. de 'Ωκεανῖτις, ίδος); mălis (adj.); malis (verbe); volucris (de vŏlŭcer; vis, vīres, vīrĭbus; compos, compŏtis, compŏtes; Ægeus (nom. dissyllabe), Ægeos (gén. Αἰγεύς, έος); custos; jŭventus; tĕnus; intercus, intercŭtis; Œdĭpus (Οἰδίπους); Pallas, Pallădis ou Pallădos; Pallas, Pallantis; Ilias, Iliădos (Ἴλιον, premier iota long); Mithrĭdātes; præes; fŏras; Cres, Cretis (Κρής, Κρῆτος); Călypsus (gén. de Calypso, Καλυψώ, όος, οῦς); sus, suis; currus (nom. sing.), currus (gén. sing.) currus (nom. plur.), currus (acc. plur.); os, ōris; os, ossis; chaos (Χάος); vēnis (subst.), vēnis (verbe); glis, glīris; Ægoceros (Αἰγοχέρως, Capricorne); quotannis (quot-annis); sătis (adv.); sătis (de sata, orum); centies; abes; absis; abĕras; abies (abjes), abiĕtis, abiĕtes, abiĕtĭbus; Arcas, Arcădis, Arcades (nom. plur.), Arcades ou Arcadas (acc. plur.), Arcadĭbus ('Αρχάς, άδος).

Nota. — On peut continuer cet exercice en faisant décliner les noms de la troisième et de la quatrième déclinaison, surtout ceux du supplément.

CHAPITRE SECOND

RÈGLES PARTICULIÈRES.

Ce chapitre traitant des règles de quantité particulières à chaque voyelle, se divise naturellement en autant d'articles qu'il y a de voyelles.

ARTICLE PREMIER

Quantité de la voyelle A.

La voyelle *A* peut être considérée comme voyelle finale ou comme crément.

§ Ier. *A* final.

Règle. — *A* final est bref dans les déclinaisons, long dans les conjugaisons et dans tous les mots invariables : *templă, heroă, diademată, rosă, amā, posteā*[1], *trigintā*[2]...

> Trigintā toto mală sunt epigrammată libro. *Mart.*
> Interea dulces pendent circum osculă nati. *Virg.*

EXCEPTIONS. — 1° *A* final est long à l'ablatif singulier de la première déclinaison, et bref dans les quatre mots *eiă, ită, pută* (par exemple), *quiă*.

> Præcipites altā vitam sub nube relinquunt. *Virg.*

2° Le vocatif singulier des noms grecs en *ās* de la première et de la troisième déclinaison, est long : *Æneā, Pallā (Pallās, antis)*... Voir appendice aux déclinaisons grecques.

---

1. Voyez sur la quantité de *postea, antea,* la note D, à la fin du volume.
2. On trouve quelquefois les noms de nombre indéclinables avec la finale brève; mais ces exemples ne sont pas à suivre. Les noms de nombre qui se déclinent suivent la règle générale : *triceni, tricenă*...

§ II. *A* crément.

La voyelle *A* peut être crément dans les déclinaisons, ou dans les conjugaisons.

I. A CRÉMENT DANS LES DÉCLINAISONS.

Règle. — A crément est long dans toutes les déclinaisons : *rosārum, majestātis, animābus, audācis.*

Rara per ignotos errent animālia montes. *Virg.*

EXCEPTIONS. — *A* crément est bref :
1° Dans les noms neutres en *ma : Diademăta, poemăta...*

Dignior est sceptro et regni diademăte virtus. *Mart.*

2° Dans les noms propres masculins en *al* et en *ar :* *Cæsăris, Annibălis...*

Ille etiam extincto miseratus Cæsăre Romam. *Virg.*

3° Dans les noms en *as* qui ont le génitif en *ădis* ou *ădos : Pallădis, lampădis,* ou *Pallădos, lampădos...*

Et sol flammigera lustrabat lampăde terras. *Virg.*

4° Dans les treize mots suivants : *anas, ătis; Arabs, ăbis; baccar, ăris; daps* (inusité au nominatif singulier) *dăpis; fax, făcis; hepar, ătis; jubar, ăris; lar, lăris; mas, ăris; nectar, ăris; par, ăris* et ses composés; *sal, ălis; trabs, ăbis.*

Est mihi dispăribus septem compacta cicutis
Fistula...   *Virg.*

II. A CRÉMENT DANS LES CONJUGAISONS.

Règle. — A crément est long dans toutes les conjugaisons : *resonāre, legāmus, monebāmus, imitāmini...*

Maturăte fugam; regique hæc dicite vestro. *Virg.*

EXCEPTION. — Le premier crément du verbe *dare* et

de ses composés est bref : *dămus, circumdărent ;....* le second crément suit la règle ordinaire ; *dăbāmus, dăbămini.....*

Omnibus umbra locis ădero, dăbis, improbe, pœnas. *Virg.*

QUESTIONNAIRE ET EXERCICES

SUR L'ARTICLE PREMIER.

1° Sous combien de rapports peut-on considérer la voyelle *A ?*

2° Quelle est la quantité de la voyelle *A*, dernière lettre d'un mot? — Combien d'exceptions et quelles exceptions souffre la règle?

EXERCICES. — Arva; dulcia; propterea (propter-ea); infra; Amăryllĭda; ĭta; æthĕra; ænigma; Oresta (vocatif de Ŏrestes, æ); præsentia; pācĕ tua; quingenta; Atla (vocatif d'Atlas, antis); postea; quia; cūra (impératif); cūra (subst.); Hectŏra; cornua; supra (sŭper); pŭta (verbe); quadrāginta; quadrāgēna; eia; mītia pōma; Lycĭda (voc. de Lўcĭdas); sta; mœnia; da; octoginta; septingenta millia.

3° Quelle est la quantité de *A* crément dans les déclinaisons? — Quand est-il bref? — Quelle est la quantité de *A* crément dans les conjugaisons? — Dans le verbe *dare?*

EXERCICES. — Majestatis; vas, vasis; exemplaria; dapĭbus ŏnĕrabat; mĕdĭtatur; pĭĕtatem; hōrarum; salĕ condiĕbatur; vadĭbus; calcaria; Arar, Araris (la Saône, masculin en latin); baccarĕ; maris (mărĕ); mas, maris; pessumdatis (pessum-dare); cingamus; deabus Olympiadĭbus (dea Ŏlympias, adis); ănatem vēnatur; ūtamur lampadĭbus; nectarĕ sătŭratur; Arabes fŭgavērunt; spernāmus vŏluptates; hēpatĕ lăbōrabat; trabem vĕtustatĕ exesam firmavit; ænigmata; dabatur; ālarum pictarum; fămŭlabus; lares vĕnĕratur; poētarum poĕmata; exortō jŭbarĕ; facĭbus circumdabantur...

APPLICATION DE L'ARTICLE PREMIER AUX MOTS COMPOSÉS
ET AUX MOTS DÉRIVÉS.

Audacia; lātrator; vadimonium (vas, adis, mūnus); salīnæ; emanatiŏ (ē-mānare); fornaceus; obligatiŏ (ob-lĭgare); vocalis; dapifer (dapes-ferens); notabĭlis (notare, de notus); procacĭtas (prŏcax) : perfida Adriæ æquŏra; piacŭlum (piare); cæsareus; propāgator; Arabĭa; tractabĭlis, retrectatĭŏ; Larāria (fètes des Lares); imbecillĭtatem; dator; imparĭter; lampadārius; repārator; nectareus; debilitatus (debilitare, dē-hăbĭlis); præeuntĕ facĕ; fĕracius (ferax); provocatis (prŏ, vox, ōcis); problemata (πρὸ-βλῆμα, de βάλλω.)...

ARTICLE DEUXIÈME

Quantité de la voyelle E.

La voyelle *E* peut être considérée comme voyelle finale, ou comme crément.

§ Ier. *E* final.

Règle. — *E* final est bref : *dominĕ, laborĕ, cubilĕ, utilĕ, amarĕ, antĕ, sinĕ, quĕ, cĕ, vĕ, nĕ* (enclitiques)...

Incipĕ, parvĕ puer, risu cognoscerĕ matrem. *Virg.*

Exceptions. — *E* final est long :

1° Dans les noms de la première et de la cinquième déclinaison ; *cometē, musicē, diē, famē*[1]...

Fallit enim vitium speciē virtutis et umbra. *Juv.*

2° Dans les monosyllabes *ē, dē, mē, tē, sē, nē* (de peur que).

Tē, dulcis conjux, tē solo in littore sēcum,
Tē, veniente die, te dēcedente canebat. *Virg.*

3° A la seconde personne du singulier de l'impératif des verbes de la seconde conjugaison : *favē, monē...* moins *cavĕ, valĕ, vidĕ*, dont la finale est commune.

Verbenas adolē pingues et mascula thura. *Virg.*

4° Dans les adverbes dérivés d'adjectifs de la seconde déclinaison : *ægrē, injustē...* moins *benĕ, malĕ, infernĕ,*

---

1. Cet ablatif est un reste de l'ancienne déclinaison *fames, famei.*

supernĕ[1], dont la finale est brève : — dans les adverbes composés de *dies : hodiĕ, pridiĕ*... — dans les adverbes *fermĕ, ferē*[2], la conjonction *quarē* et l'interjection *ohē*[3]... dans les noms grecs où il remplace un êta : *cetē, Tempē* (κήτεα, η, Τέμπεα, η)[3]...

Hi bellum assiduē ducunt cum gente latina. **Virg.**

§ II. *E* crément.

La voyelle *E* peut être crément dans les déclinaisons ou dans les conjugaisons.

I. *E* CRÉMENT DANS LES DÉCLINAISONS.

Règle. — *E* crément est bref : *liber, ĕri, puer, ĕri, munus, ĕris, seges, ĕtis*...

Aspice convexo nutantem pondĕre mundum. **Virg.**

EXCEPTIONS. — *E* crément est long :

1° Au génitif et au datif pluriels des noms de la cinquième déclinaison : *diērum, rēbus*...

Rēbus in adversis facile est contemnere vitam. **Mart.**

2° Dans les noms de la troisième déclinaison terminés en *en, ēnis : hymēn, ēnis; rēn, rēnis*... dans les noms grecs où le primitif a un êta, et dans les noms hébreux en *ēl, ēlis : tapēs, ētis* (τάπης, ητος); *ver, vēris* (ἥρ, ἥρος); *Daniēl, ēlis; Michaēl, ēlis*...

Quod latus aut rēnes morbo tentantur acuto. **Hor.**

---

1. Plusieurs auteurs veulent qu'on lise *inferna, superna*, dans les vers où se trouvent ces adverbes. D'autres prétendent que c'est à tort, et qu'il faut bien lire *infernĕ, supernĕ*. On peut voir la controverse dans le *Thesaurus* de M. Quicherat, aux mots *inferne, superne*, et dans Port-Royal, quarante-troisième règle de quantité.
2. Tous les bons auteurs latins ont allongé la finale de *fere*. Un vers d'Ausone n'a pas assez d'autorité pour faire regarder la finale de ce mot comme commune. C'est du reste l'opinion des meilleurs auteurs de prosodie.
3. Voir l'appendice aux déclinaisons grecques (1re et 3e déclinaison).

3° Dans les neuf mots suivants : *hæres, ĕdis; hallec, ēcis; lex, ēgis; locuples, ētis; merces, ēdis; plebs, ēbis; quies, ētis; rex, ēgis; vervex, ēcis.*

Procubuit, seramque dedit per membra quiĕtem. *Virg.*

II. *E* CRÉMENT DANS LES CONJUGAISONS.

Première règle. — *E* crément est long toutes les fois qu'il n'est pas immédiatement suivi d'un *R*[1] : *amē-mus, blandiĕmur, legēbas, monuissētis...*

Non rastros patiĕtur humus, non vinea falcem. *Virg.*

Seconde règle. — *E* crément suivi d'un *R* est bref; — au premier crément de tous les présents et imparfaits des verbes de la troisième conjugaison ; *legĕre* (inf. prés.) *legĕre* (impér. prés. pas.). *legĕris* ou *legĕre* (ind. prés. pas.), *legĕrem, legĕrer*[2] : — à tous les temps en *ĕro, ĕram, ĕrim; suasĕro, vidĕram, sensĕrit...* — aux futurs en *bor, bĕris* ou *bĕre; amabĕris, monebĕre...*

Partout ailleurs il est long : *amarēris, monērem, legēris* (fut. pas.), *audiērunt*[3]...

Cui pendĕre sua patĕrēris in arbore poma. *Virg.*

---

1. Cette règle ne souffre aucune exception; plusieurs auteurs exceptent le subjonctif présent de *volo : vĕlim, vĕlis...;* mais c'est à tort, car il n'y a pas de crément, attendu que la seconde personne *vis* est une syncope pour *volis.* (Voyez la note A, à la fin du volume). L'*e* de *vĕlim* remplace l'*o* de *volo* et en garde par conséquent la quantité.

2.   Le second crément est long, et le premier seul est bref : *legĕrer, legĕrēris...*

Les trois verbes *fervĕre, fulgĕre, stridĕre,* et leurs composés, quoique appartenant à la seconde conjugaison, se trouvent souvent avec le crément bref à l'infinitif présent. C'est un reste de l'ancienne conjugaison *fervo, fervis; fulgo, fulgis; strido, stridis.*

Stridĕre apes utero et ruptis effervĕre costis. *Virg.*

3. ✝ La troisième personne du pluriel de l'indicatif parfait a souvent la pénultième abrégée par licence :

Matri longa decem tulĕrunt fastidia menses. *Virg.*

Mais si cette troisième personne était terminée en *ere,* la pénultième ne saurait être abrégée : ainsi on ne fera jamais brève la pénultième de *tulēre.*

QUESTIONNAIRE ET EXERCICES.

1° Quelle est la quantité de *E* final, dernière lettre d'un mot? — Dans combien de cas et dans quels cas *E* final est-il long? — Quelle est la quantité de *E* final dans les mots tirés du grec?

EXERCICES. — Sancte (vocatif); sancte (adverbe); utrinque; măne (verbe); māne (adverbe); sæpe, sæpissĭme; ăve (salut); ăve (vocatif de avus); ăve (ablatif rare de avis); ăve (impératif de ăveo, désirer); ne (de peur que); ne (dubitatif ou interrogatif); cœnare; fămĕ; bĕne; valde (adverbe, pour valide); rhetorĭce, es (ῥητορική); vĭde; se; indulge; măle; vespĕre; hodie; ăpăge (interjection); fortasse; alveare (trissyllabe); quippe; me; pigre (pĭger); făcĭle (adverbe); facile (neutre de facilis); pulchre; jŭbe; rēte, is; lampade; sāne (adverbe); Alceste, es (nom propre); forte (adverbe); maxĭme (adverbe); inferne (vocatif de infernus); errare; văle; pōne (adverbe); sponte; sale condire; se; imbre…

2° Quelle est la quantité de *E* crément dans les déclinaisons? — Quand est-il long? — Dans les mots tirés du grec et dans les noms hébreux, quelle est la quantité de *E* crément?

EXERCICES. — Lătus, lateris; lăter, lateris; lien, lienis; cĭneres; scĕlera; spĕciebus; hiemes; Gabrĭel, elis; gregem; reges; mŭliere; fœdera; plebem; Sirenes (Σείρην, ῆνος); mĭserum; vulnera; rerum; alterum; āera (ἀήρ, ἀέρος); Ligerim (Lĭger, la Loire); pauperes; diebus; mercedes; asperos; quietis; carceres; Anien, enis (l'Anio, rivière); passeres; Ĭberes ('Ιϐήρ, ῆρος); hallec, hallecis; prospera; hæredem; generis (gén. de gĕnus), generis (abl. de gĕner); Trœzen, enis; Mĭchael, Michaelis…..

3° Dans les conjugaisons, quelle est la quantité de *E* crément, quand il n'est pas immédiatement suivi d'un *R*? — Quand *E* crément suivi d'un *R* est-il bref? — Que remarquez-vous sur les trois verbes *fervere, fulgere, stridere,* et sur la troisième personne du pluriel de l'indicatif parfait?

EXERCICES. — Făciemus; audietur; erit; fervere; præberem; tueris, tueberis (tueor); ăpĕruerunt; accenderis (fut. passé act.), accenderis (subj. parf.), accenderis (ind. prés. passif), accenderis (fut. passif); expĕrieris; ăgereris; erunt; fuerunt; fuerint; vidĕrŏ; compleverint; sĕderem; sederat; scripsere; ămaberis; strīdere; căpieris; sĕcareris; pelleret; scindereris; essemus; præiverint; mŏveretur; perrexerit; torqueberis; canteris; crēderis (ind. prés. passif); crēderis (fut. passif);

vincieris; dōnaverat; sectaberis; terrereris; fleremus; mĕdebĭtur; fă-
teretur; pŏtīreris; fulgere; dēleverŏ; cinxere; tĕnuerunt; moreris (mŏ-
rari, moror); moreris (mŏrior); tĭmereris; imbuereris; căneremus; fal-
lere; lætaberis...

Nota. — Cet exercice est d'une grande importance.

Application des règles de l'article second aux mots composes
et aux mots dérivés.

Sidereus (sīdus); vomere (infinitif), vomere (ablatif); verberaberis
(verber, eris); locupletem sedem (lŏcus, pleo inusité, sĕdeo); lanigera
(lāna, gĕro); congregare (cum, grex, egis); ingravescere (in, grăvis);
Israelīta (Israel, elis); leges (subst.), leges (verbe); æthereus (αἰθήρ, έρος);
profundebat; circumdaretis; pessumderis (circum, pessum, dare); de-
pellereris (de, pello); deamaberis (de, ămo); vervecīnus (vervex,
ecis); providerint, provĭdere; perjuravere, pejeravere; nubiferī (nū-
bes, fĕro); profĭciscĕris (ind. prés.), profĭciscĕris (ind. fut.); dirimebat
(dīs, ĕmo); quietus; ubique (ŭbi-que); ubicumque; tegŭlis tegeretur
regia; quare; cratera, æ (de crāter, eris, κρατήρ, ῆρος); procurareris
(pro, cūra); duces regere, et ducere reges (dūco, rĕgo).....

ARTICLE TROISIÈME

Quantité des voyelles I et Y.

La voyelle *I* peut être considérée comme voyelle finale
ou comme crément.

§ Ier. *I* final.

Règle. — *I* final est long : *dominī, sororī, manuī, dieī,
amavī, vidī; legiminī, audī, sī...*

Nec varios discet mentirī lana colores. **Virg.**

Exception. — *I* final est bref dans *nisĭ* et *quasĭ*, commun dans les pronoms *mihĭ, tibĭ, sibĭ, cuĭ* [1], et dans les

---

1. Il vaut mieux faire de *cuı* un monosyllabe : alors il devient long
par synérèse, *cuī*.

adverbes *ibĭ* et *ubĭ;* bref au vocatif singulier des noms grecs qui ont *ĭs* bref au nominatif; *Daphnĭs, Daphnĭ*[1]...

§ II. *I* crément.

La voyelle *I* peut être crément dans les déclinaisons ou dans les conjugaisons.

I. I CRÉMENT DANS LES DÉCLINAISONS.

Règle. — *I* crément est bref : *Vĭri, vertĭcis, homĭnibus, martўres...*

> Forte sub arguta consederat ilĭce Daphnis. **Virg.**

EXCEPTIONS. — *I* premier crément est long :

1° Dans la plupart des mots en *ix, īcis, felix, īcis; perdix, īcis; radix, īcis...* moins les treize noms suivants : *calix, ĭcis; Cilix, ĭcis; coxendix, ĭcis; filix, ĭcis; fornix, ĭcis; fulix, ĭcis; histrix, ĭcis; larix, ĭcis; pix, ĭcis; salix, ĭcis; tomix, ĭcis; varix, ĭcis;* et tous les cas de l'inusité *vix, vĭces*[2].

> Exiit ad cœlum ramis felīcĭbus arbos. **Virg.**

2° Dans les monosyllabes *Dis, ītis; glis, īris; lis, ītis; vīres* (pluriel de *vis*), — dans les noms de peuples : *Quiris, ītis; Samnis, ītis;* — dans le mot *vibex, īcis.*

> Tum validis flexos incurvant virībus arcus. **Virg.**

---

1. † Le datif singulier des noms grecs de la troisième déclinaison est long quand son primitif est un nom contracte, parce que dans ce cas il remplace une diphthongue : *Socratī* (Σωκράτεϊ, ει)... Si le primitif grec est terminé par une brève, le datif du mot correspondant a la finale brève : *Palladĭ* (Παλλάδι)... On peut cependant donner à ce datif la quantité de la finale latine : *Palladī*... (Voir appendice sur la déclinaison des mots grecs, 3e déclinaison non contracte, n° 2.)

2. *I* et *y*, créments dans les noms grecs, suivent la quantité du primitif : ils sont ordinairement brefs; mais les noms qui ont le nominatif en *īn* ont toujours le crément long. (Voir déclinaisons grecques.)

II. *I* CRÉMENT DANS LES CONJUGAISONS.

Règle. — *I* crément est bref : *Amabĭmus, egredĭtur, mutabĭmĭni*.....

Spargĭte humum foliis, inducĭte fontibus umbras. *Virg.*

EXCEPTIONS. — *I* crément est long :

1° Au premier crément des verbes de la quatrième conjugaison : *audīre, blandīmĭni*... et dans tous les parfaits en *īvi*, lors même qu'ils appartiennent à des verbes de la troisième conjugaison : *Quæsīvi, contrīvi*[1]...

Ite meæ, felix quondam pecus, īte capellæ. *Virg.*

2° A l'impératif et au subjonctif présent des verbes *volo, nolo, malo, sum*, et de ses composés : *velīmus, nolīte, sīmus, possītis*...

Si quibus in terris, qua sīmus in urbe rogabit. *Ovid.*

I crément est commun dans les finales *rĭmus, rĭtis : dederĭmus, fecerĭtis*[2]...

1.+ Les parfaits en *ivi* sont des formes qui appartiennent à la quatrième conjugaison; il ne faut donc pas s'étonner que le crément soit long, même dans les verbes de la troisième conjugaison. Mais il faut bien remarquer que le premier crément seul est long, et que le second suit la règle ordinaire : *petivīmus, munivīmus*.... — Remarquons aussi que plusieurs verbes de la quatrième conjugaison forment leur parfait comme ceux de la troisième : *venio, veni; sentio, sensi; aperio, aperui*... Il s'ensuit que ces verbes n'auront pas *i* crément long au parfait : *vēnimus*, et non *venīmus; sensĭmus, aperuĭmus*... Voyez à la fin du volume la note E sur la quantité irrégulière des verbes *orior* et *potior*.

2. Dans les vers hexamètres et dans les vers pentamètres, on sera obligé de faire le crément *ri* long, lorsqu'il sera précédé de deux syllabes brèves : *dĕdĕrītis, præbŭĕrīmus*.... Au contraire, lorsque les syllabes précédentes formeront un trochée, le crément devra être bref : *lēgĕrĭmus, fēcĕrĭtis*....

Remarquez que ce crément ne doit jamais s'allonger dans le verbe *sum* et que *erĭmus, erĭtis*, ont toujours la pénultième brève.

QUESTIONNAIRE ET EXERCICES

1° Quelle est la quantité de *I* final, dernière lettre d'un mot? — Quand est-il bref? — Quand est-il commun? — Quelle est sa quantité au vocatif et au datif singuliers des noms tirés du grec?

EXERCICES. — Horti ; sĭbi ; mĕmĭni ; quăsi ; dēleri ; urbi ; Achilli (Ἀχιλλεῖ); ūti (conj.); ūti (verbe); ŏ Alexi (Alexĭs); tĭbi ; spēciei ; Părĭdi (Πάρις, ιδος); hauri (impér.); ŭbi ; ō Serapi (Σάραπις, Sĕrāpĭs); nĭsi ; tўrannĭdi (τυραννίς, ιδος); suscepi (susum ou sus-căpio); cui ; mihi ; Arcadi (Ἀρκάς, άδος); aratri (ărare); æri (œs, æris); ĭbi ; flevisti ; Themistocli (Θεμιστοκλέει); ŏ Amarylli (Amăryllĭs); vĭdemĭni...

3° Quelle est la quantité de *I* crément dans les déclinaisons? — Quelle est la quantité de *I* crément dans les mots en *ix, icis*? — Quelles sont les autres exceptions à la règle? — Quelle est la quantité de *I* ou *Y* crément dans les noms grecs?

EXERCICES. — Itineribus (ĭter); rādice ; strigis (strix); nūtrices ; histrices ; vībicem ; cŏturnices ; fŭlicem ; coxendice ; dēses, ĭdis ; præcipiti pede ; supplicibus ; limina (līmen); cĭcātricem ; viribus deficientibus (de-făcio); sanguine ; sălices ; plūribus vicibus ; Quirites (Quĭris); altrīce ; Phryges ; cardines ; index, icis ; dis, ĭtis ; āles, itis ; lites incidĭte (incædo); pice nāves inducĭte (in-dūco); felici (fēlix); filici (fĭlix); fornacibus ; nivem ; călices ; ultricia nūmina ; glis, gliris ; pauperibus ; Sandycis ; tōmicem ; lăricis ; frŭticibus ; vărices ; natrix, icis (natatrix, naatrix, serpent d'eau ou hydre).

3° Quelle est la quantité de *I* crément dans les conjugaisons? — Quand est-il long? — Quelles particularités présentent les verbes *orior* et *potior*? — Quelle est la quantité de *I* crément dans les terminaisons *rimus, ritis*?

EXERCICES. — Invehemini (in-veho); cŭpivimus (cupio, is, ivi, ere); laugŭeritis ; nolite assentiri mălis ; calcabimini ; sēpire, sepimus, sepsimus ; arcessiveratis (arcesso, is, ivi, ere); ŏritur ; eritis ; mentiris ; desimus, prositis (de, prō-sum); grăvabimini ; lăcessivissetis (lacesso, is, ivi, ere); pŏtireris ; haurire, hauriretis, hausimus ; adsitis ; ordiremini ; sapiverimus (săpio, is, ivi, ere); largitur ; reddite ; vĕnire, venimus (indic. prés.), venimus (indic. parf.); sortitur ; spargite ; plauditis ; petiveritis (pĕto, is, ivi, ere); ulciscimini ; pūnivimus ; pŏtitur ; saltaverimus ; audieritis ; sancire, sanximus.

APPLICATION DE L'ARTICLE TROISIÈME AUX MOTS COMPOSÉS
ET AUX MOTS DÉRIVÉS.

Piceus ; effūgiei (e-fingo); bombycīnæ chlamydas (bombyx, ycis ; chlămys, ўdis); ŭbivis (ubi-vis); duplicare (duplex); replevimus (re-pleo, inusité); profitebitur (pro-făteor); siquĭdem (si-quīdem); propontidi (πρὸ-ποντίς, ίδος); imbecillĭtati (in-băcillum); diserti causidici (dis-ars, causas-dīco); sicŭbi; procellōsi măris perfĭdis fluctibus obruitur (prŏ-cello, per-fĭdus, ob-ruo); ibidem (ĭbi-dem); niveus; strigĭlis (stringo); reprobareris (re-prŏbus)...

ARTICLE QUATRIÈME

Quantité de la voyelle O.

La voyelle *O* peut être considérée comme voyelle finale ou comme crément.

§ 1er. — *O* final.

Première règle. — *O* final est long au datif et à l'ablatif singuliers de la seconde déclinaison : *dominō, sanctō, virō*... — au gérondif en *do* et dans les adverbes formés de mots qui ont l'ablatif terminé en *o : aliō (alius), canendō, falsō (falsus), vulgō (vulgus)*[1]... — dans tous les monosyllabes : *dŏ, ō*[2]*, prō, stō*... — dans les adverbes ou conjonctions suivantes : *eō* (et ses composés *adeō, ideō*), *idcircō, intrō, omninō, retrō, ultrō, citrō*[3]... — dans la préposition *ergō* (pour l'amour de)... — dans les mots grecs terminés par une longue : *Echō* (ἠχώ), *Didō* (datif Διδόϊ, οῖ)[4]...

> Frigidus in pratis cantandō rumpitur anguis. *Virg.*
> Scilicet idcircō prō natō cærula mater
> Ambitiosa suō fuit... *Ovid.*

1.+ La raison en est que ce gérondif et ces adverbes sont de véritables datifs ou ablatifs. Néanmoins on les trouve souvent communs.

2.+ L'interjection *o* devient commune lorsqu'elle se trouve devant un mot commençant par une voyelle. *Te Corydon, ŏ Alexi..., ō pater, ō hominum...*

3. L'adverbe *citro* n'est jamais employé seul; il est toujours précédé de *ultro : ultrō citrōque;* mais *ultrō* se trouve souvent seul.

4. Si le mot grec était terminé, non par une voyelle longue, mais par un ν, c'est-à-dire si le mot grec était terminé en ων, le mot latin correspondant aurait la finale commune : *Platŏ* (Πλάτων)... Voir 3e déclinaison grecque, p. 46.

EXCEPTION. — Les adverbes *citŏ* (*citus*), *quomodŏ* (*quŏmodo*)[1] ont la finale brève.

Nec citŏ credideris:quantum citŏ credere lædat! *Ovid.*

Seconde règle, — Ailleurs *O* final est commun : *homŏ, sermŏ, canŏ legerŏ, ergŏ* (conjonction), *imŏ*[2]...

Hoc volŏ, sic jubeō, sit pro ratione voluntas. *Juv.*
Praudĕŏ, pōtŏ, cănō, lūdō, lăvŏ, cœnŏ, quĭēscō. *Avien.*

EXCEPTION. — *O* final est bref dans les mots *çedŏ* (pour *da* ou *dic*), *modŏ* et ses composés *dummodŏ, postmodŏ*[3]

Sed modŏ læta manet, vultus modŏ sumit acerbos. *Ovid.*

§ 2. — *O* crément.

La voyelle *O* peut être crément dans les déclinaisons ou dans les conjugaisons.

I. — *O* CRÉMENT DANS LES DÉCLINAISONS

Règle. — *O* crément est long : *majōres, sermōnis, templōrum*...

O formose puer, nimium ne crede colōri. *Virg.*

EXCEPTIONS. — 1° *O* crément est bref dans les substantifs neutres de la troisième déclinaison : *corpus, ŏris; ebur, ŏris; marmor, ŏris*... moins *os, ōris*[4].

Transadigit costas, et candida pectŏra rumpit. *Virg.*

---

1. *Quomodo* s'écrit très-souvent en deux mots, qui sont même quelquefois séparés par d'autres mots : *quo modŏ, quo puer ipse modŏ*..... alors, *modo* reste substantif et garde sa quantité.

2. Après les poëtes du siècle d'Auguste, la finale de *imo* se trouve plus souvent brève. Les poëtes du grand siècle faisaient ordinairement longues les finales des verbes et des noms de la troisième déclinaison, surtout après une pénultième longue : *cantō, sermō*... ils exceptaient cependant les noms propres : *Nasŏ, Sulmŏ*.....

3. Ne confondez pas la conjonction ou l'adverbe de temps *modŏ* et ses composés *dummodŏ, postmodŏ*, avec *modō*, ablatif de *modus*, dont on a abrégé la finale dans le composé *quomodŏ*.

Les mots *duo, ego*, sont plus souvent brefs que longs; *scio* et *nescio* ne peuvent entrer régulièrement dans les hexamètres et dans les pentamètres qu'avec la finale brève.

4. Le neutre des comparatifs n'est pas compris dans cette exception et suit la règle ordinaire : *majŏra*.....

2° La plupart des noms de peuples terminés en *O* au nominatif ont le crément bref : *Macedo, ŏnis, Saxŏnes*[1]... Il en faut dire autant des noms grecs qui ont au génitif un omicron pour crément : *Hectŏr, ŏris; tripŭs, ŏdis* ("Εκτωρ, ορός, τρίπους, οδός)...

Et Senŏnum furias Latiæ sensere cohortes. *Stace.*

3° Les dix mots suivants ont le crément bref : *Arbor, ŏris; bos, bŏvis; compos, ŏtis; impos, ŏtis; ops* (inusité), *ŏpis,* et ses composés; *lepus, ŏris; memor, ŏris; præcox, ŏcis; scobs, ŏbis; scrobs, ŏbis.*

Strata jacent sua quæque sub arbŏre poma. *Virg.*

II. — *O* CRÉMENT DANS LES CONJUGAISONS.

O crément ne se trouve qu'à l'impératif, et il y est long : *amatōte, estōte*[2]...

Quumque loqui poterit, matrem facitōte salutet. *Ovid.*

QUESTIONNAIRE ET EXERCICES

1° Quand *O* final est-il long? — Quand est-il commun? — Quelles exceptions souffrent les deux règles? — Quelle différence y a-t-il entre la conjonction *modo* et *modo*, second composant de *quomodo*?

EXERCICES. — Dŏmo (subst.), dŏmo (verbe); quando; mĕrĭto (adverbe); mŏvendo; duo; Androgeos, Androgeo (génitif : 'Ανδρόγεως,

---

1. Port-Royal fait observer avec justesse qu'il y a toujours assez peu de certitude pour la quantité des noms propres : ainsi l'on trouve *Burgundiōnes, Eburōnes,* avec le crément long. Dans certains noms qui ne sont pas terminés par *o* au nominatif, on trouvera quelquefois le crément bref : *Allobrŏges, Cappadŏces.* Il est vrai que la plupart de ces mots viennent du grec et suivent la quantité de leurs primitifs.

2. Plusieurs auteurs ajoutent ici *fŏre, fŏrem,* infinitif futur et subjonctif imparfait du verbe *sum.* Mais il n'y a point ici de crément, comme nous le démontrons dans la note A, à la fin du volume. Il en faut dire autant du mot *vŏlo,* qui ne renferme point de crément, bien qu'il ait une syllabe de plus que la seconde personne *vis.*

Ἀνδρόγεω); omnīno; apro (ăper); sto; modo (abl. de mŏdus), mŏdo
(conj.); caro (cārus), căro (carnis); tetro (tēter); ĕgo; drăco; Ălecto
(Ἀλεκτώ); īmo; ultro citroque; căveto; flendo; ergo (prép.); ergo
(conj.); sĕcundo (adj.), sĕcundo (verbe); adeo (adv.), ad-eo (verbe);
movero; Sappho (Σαπφώ); cĕdo (pour dic), cēdo (je me retire); con-
sulto (adv.); eho; cĭto (adv.), cĭto (verbe), cĭto (adj.); quo (adv.);
crēdito (verbe); nescio (nescius), nescio (verbe); leo; Dīdo (Διδώ).

2° Quelle est la quantité de *O* crément dans les déclinaisons? — Quand est-il bref? — Quelle en est la quantité
dans les noms de peuples terminés par *O* au nominatif?
— Dans les mots tirés du grec? — Quelle est la quantité
de *O* crément dans les conjugaisons?

EXERCICES. — Leporèm (lĕpor, beauté), leporem (lĕpus, lièvre);
fulgorem solis; marmora prĕtiōsiora; præcoce morte; dūcitote; Teuto-
nibus (aux Teutons, peuple); flĕres; Plătonis (Πλάτων, ωνος); boves,
bobus (bovibus, boibus); mĕmori corde; pejor, pejoris; pejus, pejoris;
inopes; prĕmitote; jecinoris (jĕcur); hŏnores deorum; littoris arbores;
nĕmoris frĭgora; vasorum (vas); impotes; Rhedones (Ῥήδονες, peuples);
nĕpotes; pĕcora; lĕgionibus; sermones; compotes; tĕgitote.

APPLICATION DE L'ARTICLE QUATRIÈME AUX MOTS COMPOSÉS
ET AUX MOTS DÉRIVÉS.

Corporeus; sermōcinari (sermones-cănere); florebit (flos, oris); pro-
fecto (adverbe, pro-facto); hydropĭcus (ὕδρωψ, ωπος); quandoquidem
(quando-quĭdem); imperatoris (in-părare); pronepos (pro-nĕpos); sopo-
rem, sopio (sŏpor); legitimos (legem-tĭmeo); dotaberis (dos, otis); propāgo (provin), propăgo (enfant), propāgo (propager, étendre); repletote
(re-pleo); vesanos fatidicos prohibetote (vē-sānus, fātum-dico, pro-hăbeo);
jurejurando (jus, ūris, pour les deux composants); duodenos (duo-dēni);
bubĭle (bos, ovis); arboreus; feroces (fĕrus); memoria (mĕmor, oris)....

ARTICLE CINQUIÈME

Quantité de la voyelle U.

La voyelle *U* peut être considérée comme voyelle finale
ou comme crément.

§ 1ᵉʳ. — *U* final.

Règle. — *U* final est long : *dictū, vulū, tonitrū*[1]...

Annuit, et totum nutū tremefecit Olympum. *Virg.*

1.✝ Au supin en *u* et à l'ablatif de la quatrième déclinaison, la finale

§ 2. — *U* crément.

La voyelle *U* peut être crément dans les déclinaisons ou dans les conjugaisons.

I. — *U* CRÉMENT DANS LES DÉCLINAISONS.

Première règle. — *U* crément est long dans tous les noms en *ūs*, qui ont le génitif en *udis, uris* ou *utis : Jus, ūris; palus, ūdis; salus, ūtis...*

> Una salus victis nullam sperare salūtem. Virg.

EXCEPTION. — *U* crément est bref dans les mots *intercus ŭtis; pecus, ŭdis.*

> Nunc etiam pecŭdes umbras et frigora captant. Virg.

Seconde règle. — Ailleurs, *u* crément est bref : *consŭlis, murmŭris, tribŭbus...*

> Si canimus silvas, silvæ sint consŭle dignæ. Virg.

EXCEPTION. — *U* crément est long dans les mots suivants : *Fur, ūris; lux, ūcis: Pollux, ūcis,* et *frūges* de l'inusité *frux.*

> Quid domini facient, audent cum talia fūres. Virg.

II. — *U* CRÉMENT DANS LES CONJUGAISONS.

Première règle. — *U* crément est long à la pénultième du participe futur actif : *amatūrus, futūrus, monitūrus...*

> Aspice ventūro lætantur ut omnia sæclo. Virg.

---

renferme une contraction, et c'est pour cela qu'elle est longue : *visu* (supin) est pour *visui, visu* (ablatif) est pour *visue*. Dans les noms neutres de la quatrième déclinaison, le génitif, le datif et l'ablatif singuliers renferment aussi une contraction. *cornu* étant au génitif pour *cornuis*, par contraction *cornus*, et par apocope rare, *cornu;* au datif pour *cornui*, à l'ablatif pour *cornue*. On n'est pas bien fixé sur la quantité du nominatif, du vocatif et de l'accusatif singuliers de ces noms neutres, qui n'éprouvent aucune contraction à ces trois cas.

L'ancienne préposition *indŭ* pour *in*, l'ancien adverbe *nenŭ* pour *non*, ont la finale brève.

Seconde règle. — Ailleurs, *U* crément est bref :
sŭmus, possŭmus, volŭmus…

Nolŭmus assiduis animum tabescere curis. *Ovid.*

QUESTIONNAIRE ET EXERCICES

1° Quelle est la quantité de *U* final? — Quelle en est la quantité au singulier des noms neutres de la quatrième déclinaison?

EXERCICES. — Fractu; gĕnu (à tous les cas); Jesu ('Ιησοῦ); tu; nēnu (pour non); diu, noctuque; tŏnitru (à tous les cas); indu (pour in); exercĭtu; quercu….

2° Quelle est la quantité de *U* crément dans les noms en *us* qui ont le génitif en *udis, uris, utis*? — Ailleurs? — Exceptions. — Quelle est la quantité de *U* crément à la pénultième du participe futur actif? — Ailleurs?

EXERCICES. — Mus, muris; dux, ducis; sĕnectus, senectutis; intercus, intercutis; quæsumus; tellurem; cessurus; pĕcudis; arcubus; lucem; vulturis (vultur); frugibus; nuces; Ligures (Lĭgur); rura; turturis; virtutem; malumus (mālo); dīvisurus; lăcubus…

APPLICATION DE L'ARTICLE CINQUIÈME AUX MOTS COMPOSÉS ET AUX MOTS DÉRIVÉS.

Sulfureus (sulfur, uris); fulguraturus (fulgur, uris); luciferi (lucemfero); servitutem (servire); profundus (pro-fundo); saturaturus (sătur, ura, urum); profestus (pro-festum); augurium (augur, uris); prologus (πρòλόγος); furari (fur, uris); thureus (thus, thuris); adsumus (ad-sumus); trucido (trux-ucis-cædo); prosumus (pro-sum).

PREMIER APPENDICE

AUX RÈGLES DE LA QUANTITÉ.

Quantités de quelques désinences.

NOTA. — Il faut, pour bien comprendre les règles suivantes, se reporter à la cinquième règle générale de quantité. Nous avons vu que les mots dérivés ne conservent de leurs primitifs que le radical, et qu'ils y ajoutent quelquefois une assez longue terminaison. C'est la quantité de la pénultième et de l'antépénultième de quelques-unes de ces terminaisons qui va faire l'objet de ces règles[1].

La voyelle *A* est longue dans les substantifs terminés en *ābulum*[2], *āculum*, *ācrum*, *āgo*, *āmen*, *ārium*, *ārius*, *ātor*, *ātrum*, et dans les adjectifs terminés en *ālis*, *ānus*, *āris*, *ārius*, *ātor*.

La voyelle *E* est longue dans les substantifs terminés en *ēdo*, *ēla*, *ētum*, et dans les adjectifs terminés en *ēlis*, *ēmus*; elle est brève dans les substantifs terminés en *ĕtas*.

La voyelle *I* est longue dans les substantifs terminés en *īdo*, *īgo*, et dans les adjectifs en *īvus*; elle est brève dans les substantifs en *ĭtas*, *ĭtia*, *ĭtudo*, dans les adjectifs en *bĭlis*, *ĭdus*[3], *ĭmus*[4], *ĭneus*[5], dans les verbes en *ĭno*, *ĭto*[6], *ĭtor*, dans les adverbes en *ĭter*, *ĭtus*.

---

1. On trouvera bien d'autres terminaisons que celles dont nous parlons ici; mais il eût été impossible d'en assigner la quantité sans dépasser les limites d'un ouvrage élémentaire, à cause des nombreuses exceptions qu'on eût été forcé d'ajouter aux règles; du reste, les terminaisons dont on donne ici la quantité sont celles qui se rencontrent le plus fréquemment.

2.✝ Excepté le mot *st-ăbulum* (*st-o*).

3.✝ Excepté les adjectifs *fīdus* et *infīdus*.

4.✝ Excepté les adjectifs *bīmus, trīmus, patrīmus, matrīmus, opīmus*.

5. Il ne s'agit ici que de la quantité de la terminaison, et non point de la quantité du radical : l'adjectif *līn-eus* (*līn-um*) et autres semblables n'infirment donc pas cette règle.

6.✝ Excepté un petit nombre de verbes tels que *dorm-īto* (*dorm-io*), *mar-īto* (*mas, ar-is*), *irr-īto* (*ir-a*).

La voyelle *O* est longue dans les substantifs terminés en *ōna, ōnia* [1], *ōnium, ōrium,* et les adjectifs en *ōrius, ōrus, ōsus;* elle est brève dans les substantifs et adjectifs en *ŏlus, ŏla, ŏlum.*

La voyelle *U* est longue dans les substantifs terminés en *ūdo, ūra* [2], et dans les adjectifs en *ūtus;* elle est brève dans les substantifs et adjectifs en *ŭlus, ŭla, ŭlum,* et dans les verbes en *ŭlo.*

EXERCICES. — Simulacrum (sĭmĭl-is); lus-orius (ludo, lus-um); quer-ela (quĕr-or); crud-elis (crūd-us); fri-v-olus (fri-o); plac-idus, placid-itas (plăc-eo); salut-aris (sălus, salut-is); puer-ulus (puer, puer-i); ult-imus (ult-is, adverbe pour ultra); fug-ito, fugit-ivus (fŭg-io); præt-orium (præt-or); ac-utus (ăc-us); lev-amen (lĕv-is); irr-ito (īr-a); op-imus (ops, opis); purpura (πορφύρᾱ); pi-etas, (pi-us); matr-ona (māt-er, matr-is), Matrona (Marne); lat-itudo (lāt-us); spec-ulum (spĕcĭo); can-orus (căn-o); grami-neus (grăm-en); divin-itas (dīus, divin-us); voc-abulum (voc-o, de vox, vōc-is); virid-arium (vĭrĭd-is); scopul-osus (scŏpŭlus); fid-elis (fĭd-es); ar-atrum (ăr-o); ter-edo (tĕr-o); præc-onium (præc-o); ros-etum (rōs-a); sem-ino (sēm-en); vir-ago (vir, vir-i); crim-in-ator (crīm-en, crimin-is); bimus, trimus; Auson-ia (Auson, onis); grav-iter (grăv-is); debilis (de-hăbilis); form-osus, formos-issimus (form-a); pull-ulo (pull-us, contraction pour puellus); leth-alis, lethal-iter (lēth-um); hum-anus, human-itas (hŏm-o); fund-itus (adv., fundo); cup-idus, cup-ido (cŭp-io); rub-igo (rŭber); gladi-olus (glădi-us); teg-ula (tĕg-o); trit-ura (tero, trit-um); st-abulum (st-o); sic-arius (sīc-a); alim-onia (ăl-o, almus pour alim-us); avar-itia (avār-us, ăv-eo); sat-ietas (săt-is); hab-ito (hăb-eo); mir-aculum (mīr-or): contr-arius (contr-a); don-ator (dō-num); extr-emus (extra); fle-bilis (fle-re); gale-ola (găle-a); patr-imus (păter); matr-imus (māter).

---

1. Excepté, pour les noms en *ona*, Matrŏna (la Marne), et pour les noms en *onia*, ceux qui sont dérivés de noms propres en *on, onis : Ausŏnia* (Auson, ŏnis), *Lycāŏnia* (Lycaon, ŏnis)....

2. Excepté le mot *purpŭra:* il est vrai que ce mot est dérivé du grec πορφύρα.

SECOND APPENDICE

Quantité des mots latins tirés du grec.

Nota. — Les rapports étroits qui unissent la langue et la versification latine à la langue et à la versification grecque, les emprunts si fréquents que les poëtes latins ont dû faire à l'histoire et à la mythologie des Grecs, donnent une importance capitale à l'étude des déclinaisons grecques. Sans cette connaissance, on est arrêté à chaque pas dans les auteurs, et l'on ne peut même se rendre compte des formes les plus usuelles des déclinaisons latines. Nous croyons donc utile de résumer ici cette partie de la grammaire, en l'accompagnant des règles qui fixent la quantité de chaque mot. Cette vue d'ensemble sera plus instructive et plus utile que des observations isolées et des règles disséminées dans le cours du traité.

DÉCLINAISONS IMITÉES DU GREC

Première déclinaison.

Tous les noms grecs de la première déclinaison, en passant en latin, ont pris au pluriel les désinences et la quantité du latin. Il n'en est pas ainsi pour le singulier.

1º Noms féminins en α pur et α non pur.

Les noms féminins, qui sont en α pur en grec, peuvent tous se décliner sur *rosa*. On trouve cependant dans les bons auteurs certains vers où la quantité et les désinences grecques sont conservées au nominatif, au vocatif et à l'accusatif : *Electrā* (nom. voc.) *Electrān* (ac.) (Ἠλέκτρα, Ἠλέκτραν). Mais il vaut mieux dire *Electră, Electrăm*. Les noms en α non pur se déclinent sur *rosă :* quelques-uns ont l'accusatif en *an* bref : *Cilla, Cillăn* (Κίλλα, Κίλλαν)...

2° *Noms féminins en* ἦτα.

1° Plusieurs des noms féminins en ἦτα ont passé en latin avec la forme dorienne en ἄλφα, ils se déclinent sur *rosa :* quelques-uns seulement joignent à l'accusatif latin en *ăm*, l'accusatif grec en *ăn : Aetnă* (nom.) *Aetnăm* ou *Aetnăn* (acc.), Αἴτνη, Αἴτνην, dorien Αἴτνα, Αἴτναν.

2° Ceux qui ont conservé la forme en ἦτα ont aussi conservé les désinences et la quantité du grec à tous les cas, sauf au datif, où on leur a donné la désinence latine, afin de le distinguer de l'ablatif.

Nom. Voc.	Rhētŏrĭcē	Ῥητορική
Gén.	rhetoricēs	ῥητορικῆς
Dat.	rhetoricæ	(ῥητορικῇ)
Acc.	rhetoricēn	ῥητορικήν
Abl.	rhetoricē	ῥητορικῇ [1].

Ainsi se déclinent *Grammaticē, musicē,* et une foule de noms propres, *Antigonē, Cybelē, Semelē...* La plupart de ces noms ont aussi la forme latine en *ă ;* mais la forme grecque est préférable en poésie.

3° *Noms masculins en* as.

Les noms masculins en *as* conservent les désinences et la quantité grecques au nominatif, au vocatif et à l'ablatif; ils prennent les désinences latines au génitif et au datif; l'accusatif a la double forme, latine et grecque.

Nom.	Ænēăs	Αἰνείας
Voc.	Æneā	Αἰνεία
Gén.	Æneæ	(Αἰνείου)
Dat.	Æneæ	(Αἰνείᾳ)
Acc.	Æneăm, ān	Αἰνείαν
Abl.	Æneā	Αἰνείᾳ.

Ainsi se déclinent un grand nombre de noms propres :

---

1. On ne sera pas étonné de nous voir donner avec Port-Royal un ablatif aux déclinaisons grecques. On n'est pas plus autorisé à supprimer ce cas en grec qu'on ne serait admis à le retrancher dans tous les pluriels des noms latins, sous prétexte que ces ablatifs pluriels sont tous semblables au datif. Le rapport marqué par l'ablatif existe en grec comme en latin.

Pausaniās, Andrēās, Judās... Cependant les noms hébreux en *as* ont presque toujours l'accusatif en *ăm : Messiăm,* et non *Messiān.*

4° *Noms masculins en ēs.*

Les noms masculins en *ēs* conservent les désinences et la quantité grecques au nominatif, au vocatif, à l'accusatif et à l'ablatif : ils sont latinisés au génitif et au datif.

Nom.	Orēstēs	Ὀρέστης	Anchisēs	Ἀγχίσης
Voc.	Orestă	Ὀρέστα	Anchisē	Ἀγχίση.
Gén.	Orestæ	(Ὀρέστου)		
Dat.	Orestæ	Ὀρέστη		
Acc.	Orestēn	Ὀρέστην		
Abl.	Orestē	Ὀρέστη		

Ainsi se déclinent *cometēs, planetēs,* et plusieurs noms propres, tels que *Anchisēs, Chrysēs* (Ἀγχίσης, Χρύσης). Tous ces noms n'ont pas le vocatif en *α* : beaucoup le forment en *ē : Persēs, Persē* (Πέρσης, η, *Persée*), *Alcibiadēs, ē* (Ἀλκι- 6ιαδῆς, η). — Plusieurs de ces noms peuvent se décliner entièrement sur *rosa : Cometă, Persă, æ.* — Quelques-uns appartiennent à la première et à la troisième déclinaison : *Mĭthrĭdātēs,* gén. *ĭs* ou *æ, Alcibiadēs, ĭs* ou *æ...*

Deuxième déclinaison.

1° *Noms qui se déclinent sur* λόγος, ὁδός, δῶρον.

Les noms grecs qui se déclinent sur λόγος, ὁδός et δῶρὸν, quand ils passent en latin, prennent tous les désinences et la quantité du latin : on les décline comme *dominus* et *templum.* Un grand nombre cependant joignent à la forme latine, la forme grecque au nominatif et à l'accusatif singuliers et au génitif pluriel. Cette forme grecque est même la plus commune et la plus élégante en poésie.

Nom.	Bārbĭtŏs *ou* ŭs	Βάρ6ιτος	Iliŏn *ou* ŭm	Ἴλιον
Voc.	barbitĕ	βάρ6ιτε	*id.*	*id.*
Gén.	barbitī	βαρ6ίτου	Ilii	Ἰλίου
Dat.	barbitō	βαρ6ίτῳ	Ilio	Ἰλίῳ
Acc.	barbitŏn *ou* ŭm	βάρ6ιτον	Iliŏn *ou* ŭm	Ἴλιον
Abl.	barbitō	βαρ6ίτῳ	Ilio	Ἰλίῳ.

PLURIEL.

Nom. Voc.	Barbitĭ	(Βαρϐίτοι)
Gén.	barbitōn *ou* ōrŭm	βαρϐίτων
Dat.	barbitīs	(βαρϐίτοις)
Acc.	barbitōs	(βαρϐίτους)
Abl.	barbitīs	βαρϐίτοις.

Ainsi se déclinent *methodos* ou *ŭs* (μέθοδος), *Sisyphŭs* ou *ŏs* (Σίσυφος) et la plupart des noms propres en *us* tirés du grec; *lexicŏn* ou *lexicŭm* (λεξικόν). Ce dernier mot n'admet même au génitif pluriel que la forme grecque en *ōn:* *lexicōn* et non *lexicorum*.

2º Seconde déclinaison attique.

Les noms grecs de la deuxième déclinaison attique conservent en latin leur désinence et leur quantité à tous les cas.

Nom. Voc.	Andrŏgĕōs	Ἀνδρόγεως
Gén.	Androgeō	Ἀνδρόγεω
Dat.	Androgeō	Ἀνδρόγεω
Acc.	Androgeōn	Ἀνδρόγεων

Plusieurs ont aussi la forme latine en *ŭs* à tous les cas : *Androgeŭs, ī*.

3º Seconde déclinaison contracte.

Un très-petit nombre de noms grecs de cette déclinaison ont passé en latin, et ils ont conservé leur forme contracte au nominatif et au vocatif singuliers seulement.

Nom.	Panthūs	Πάνθοος, ους
Voc.	Panthū	Πάνθοε, ου.

On doit rapporter à cette forme contracte la déclinaison du mot *Iēsūs* ou *Jēsūs :*

Nom.	Jesūs	Ἰησοῦς
Voc.	Jesū	Ἰησοῦ
Gén. dat.	Jesū	Ἰησοῦ
Acc.	Jesūm	Ἰησοῦν
Abl.	Jesū	Ἰησοῦ.

4° Seconde déclinaison mixte.

Un grand nombre de noms de la troisième déclinaison contracte grecque, sur βασιλεύς, sont devenus en latin de la deuxième déclinaison, tout en conservant certaines formes de leur déclinaison grecque.

Nom.	Orpheūs (dissyllabe)	Ὀρφεύς
Voc.	Orpheū (dissyllabe)	Ὀρφεύ
Gén.	Orphĕŏs, Orphĕī, Orpheī	Ὀρφέος
Dat.	Orphĕī, Orpheī; Orphĕō, Orpheō	Ὀρφεῖ
Acc.	Orphĕŭm, Orpheŭm; Orphĕŏn, Orphĕă, Orpheā	Ὀρφέα
Abl.	Orphĕō, Orpheō	Ὀρφεῖ.

Remarquez ici que : — Le nominatif et le vocatif singuliers sont exclusivement des formes grecques : c'est pour cela que la synérèse est de rigueur, parce qu'elle reproduit la diphthongue grecque ευ, tandis qu'aux autres cas, elle est facultative. — Le génitif a la forme latine de la deuxième déclinaison, et la forme grecque de la troisième : cette forme grecque n'est pas la forme attique en εως, mais la forme primitive non contracte en εος. — Le datif prend aussi les deux formes, mais la forme latine *Orphĕō* ou *Orpheō* est préférable. — On trouve à l'accusatif un nouvel élément : outre les deux formes précédentes, il y a un accusatif en *ŏn*, comme si le nominatif grec était Ὀρφέος ου, 2° déclinaison. — L'ablatif n'est usité qu'avec la désinence latine. — Certains noms grecs en ευς comme Ἀχιλλεύς, Ὀδυσσεύς, sont devenus en latin des noms en *es* de la troisième déclinaison : *Achillēs, Ulyssēs;* mais ils ont conservé leur génitif en *eī*, par contraction ῑ, *Achilleī,* ῑ, *Ulysseī,* ῑ, comme s'ils se déclinaient sur *Orpheus :* on leur trouve aussi l'accusatif en *ĕă, Achillĕm,* ou *Achillĕă.*

Troisième déclinaison.

DÉCLINAISON NON-CONTRACTE.

1° Parisyllabiques mixtes (sur ὄρνις).

La troisième déclinaison en grec est toujours imparisyllabique : quelques noms en *ĭs* ont pris en latin la forme

parisyllabique : la plupart ont les deux formes, parisyllabique et imparisyllabique.

Nom.	Adōnĭs	Ἄδωνις
Voc.	Adōnĭ	Ἄδωνι
Gén.	Adonĭs, ĭdĭs *ou* ĭdŏs	Ἀδώνιδος
Dat.	Adonī, ĭdĭ *ou* ĭdĭ	Ἀδώνιδι
Acc.	Adonĭm, ĭn, ĭdĕm *ou* ĭdă	Ἀδώνιδα *ou* Ἄδωνιν
Abl.	Adonī, ĭdĕ	Ἀδώνιδι.

Déclinez ainsi *Daphnĭs, Amaryllĭs, Alexĭs*... L'usage
apprendra ceux qui n'ont que l'une des deux formes, parisyllabique ou imparisyllabique. — Le vocatif singulier
est toujours en ĭ bref. — La forme parisyllabique suit partout les désinences et la quantité du latin; mais à l'accusatif singulier, elle a aussi une forme grecque en *in*
(ὄρνιθα ou ὄρνιν). — La forme imparisyllabique a les désinences et la quantité du latin et du grec à la fois, excepté
à l'ablatif qui est exclusivement latin. — Le datif singulier parisyllabique a la finale toujours longue, parce qu'il
est latin; l'imparisyllabique est long quand il suit l'analogie latine, bref quand il suit la forme grecque. — Il y a
quatre formes pour l'accusatif, deux formes latines et
deux formes grecques : elles sont toutes brèves; mais les
formes grecques en *ĭn* et en *ĭdă* sont les plus poétiques. —
Le crément dans ces noms est toujours bref.

2° *Imparisyllabiques masculins et féminins (sur* Ἕλλην, λαμπάς)*.*

SINGULIER.

Nom.	Lampăs	λαμπάς
Voc.	lampăs	λαμπάς
Gén.	lampădĭs, ădŏs	λαμπάδος
Dat.	lampădī, ădĭ	λαμπάδι
Acc.	lampădĕm, ădă	λαμπάδα
Abl.	lampădĕ	(λαμπάδι).

PLURIEL.

Nom. Voc.	Lampădēs, ădĕs	λαμπάδες
Gén.	lampădŭm, ădōn	λαμπάδων
Dat.	lampădĭbŭs	(λαμπάσι)
Acc.	lampădēs, ădăs	λαμπάδας
Abl.	lampădĭbŭs	(λαμπάσι).

Remarques sur les cas. — Le nominatif singulier grec

présente un très-grand nombre de désinences différentes :
la quantité de ces désinences passe en latin : *cratēr*
(χρατήρ); *Œdipūs* (Οἰδίπους)... Il y a deux exceptions : les
noms en ωρ se changent toujours en *ŏr* : *Hectŏr*, *rhetŏr*
(Ἕκτωρ, ῥήτωρ)... Les noms en ων deviennent communs
quand ils se changent en *ŏ;* ils resteraient longs, s'ils se
changeaient en *ōn* : *Platŏ*, *Platōn;* *Chirŏ*, *Chirōn* (Πλάτων, Χείρων)...

. Le vocatif des noms en *ās*, *antis*, est toujours en *ā* :
Pallă, *Atlā* (Πάλλας, Ἄτλας, αντος); mais le vocatif des
noms en *ăs* bref est semblable au nominatif : *Pallăs*
(Παλλάς, άδος).

Au génitif et aux autres cas, le crément latin suit toujours la quantité du crément grec : *herōs*, *herŏïs* (ἤρως, ωος);
āēr, *āĕrïs* (ἀήρ, ἀέρος); *trĭpūs*, *trĭpŏdïs* (τρίπους, τρίποδος)...

. Certains noms n'ont au génitif que la forme grecque en
ŏs : *Pān*, *Pānŏs* (Πάν, ανός) : d'autres sont plus usités avec
la forme latine ; *crātērïs* mieux que *crātērŏs* (χρατήρ, ῆρος) :
plusieurs ont les deux formes : *Pallăs*, *ădïs* ou *ădŏs* (Παλλάς, άδος) : l'usage les apprendra.

Le datif singulier est long ou bref, suivant qu'on lui
donne la forme latine *ī* ou la forme grecque *ĭ* : mais la
forme latine est généralement préférable.

A l'accusatif, la forme grecque vaut mieux que la forme
latine, surtout en poésie.

L'ablatif n'a que la forme latine.

Le nominatif pluriel adopte presque toujours la forme
grecque en *ĕs*.

La forme latine est préférable au génitif pluriel : plusieurs noms n'ont que celle-là.

Le datif et l'ablatif pluriels sont latins, excepté dans
un très-petit nombre de mots, où les poëtes ont conservé
la forme grecque : *Dryădĕs*, *Dryăsïn* (Δρυάδες, Δρυάσιν).

A l'accusatif pluriel, la forme grecque est la meilleure
en poésie.

3° *Imparisyllabiques neutres en* mă.

SINGULIER.

Nom. Voc. Acc.	Epigrămmă	ἐπίγραμμα
Gén.	epigrammătĭs	(ἐπιγράμματος)
Dat.	epigrammătĭ	(ἐπιγράμματι)
Abl.	epigrammătĕ	(ἐπιγράμματι).

PLURIEL.

Nom. Voc. Acc.	Epigrammătă	ἐπιγράμματα
Gén.	epigrammătŭm, *mieux* ătōn	ἐπιγραμμάτων
Dat. Abl.	epigrammătīs, mătĭbŭs	(ἐπιγράμμασι).

A l'exception du génitif pluriel, où la forme grecque
est la meilleure, et même quelquefois la seule usitée, ces
noms neutres en *mă*, ont une forme toute latine. Leur
crément est toujours bref, enfin ils ont, outre le datif et l'a-
blatif réguliers en *ĭbŭs*, une autre forme, latine aussi, em-
pruntée à la deuxième déclinaison : *epigrammatīs*.

Troisième déclinaison contracte.

1° *Noms en* ēs (*sur* τριήρης).

Les noms latins en *ēs* dérivés de noms contractes grecs
en ης, sont complétement latinisés : *Dēmŏsthĕnēs, ēs,* voc.,
ĭs, ī, ĕm, ĕ (Δημοσθένης, εος, ους)...

On trouve quelquefois l'accusatif singulier en *ēn :* c'est
une forme de la déclinaison grecque : *Aristophanĕm,* ou
ēn ('Αριστοφάνεα, η ou 'Αριστοφάνην).

Le vocatif est semblable au nominatif, excepté dans les
noms en *clēs,* dérivés du grec κλέης κλῆς : dans ces noms il
éprouve l'apocope de *s,* et contracte εε en *ē* : (Σοφοκλέης, ῆς
voc. Σοφόκλεες, εις) *Sŏphŏclēs, Sophoclē : Thĕmīstŏclēs,
Themistoclē* (Θεμιστοκλέης, ῆς, voc. Θεμιστόκλεες, εις)...
D'après Port-Royal, on trouve aussi les vocatifs *Socrate,
Hercule.*

Quelques-uns de ces noms appartiennent aussi à la première déclinaison grecque en *ēs* (voir ci-dessus) ; quelques
autres suivent en même temps la déclinaison imparisyllabique non contracte : *Chremēs,* gén. *Chremĭs,* et *Chre-*

mētĭs ou *Chremētŏs :* ils ont alors quatre formes à l'accusatif : *Chremĕm, Chremēn, Chremetĕm, Chremetă* (Χρέμης, ητος)... Ils sont peu nombreux.

2° Noms en ŏs (sur τεῖχος).

Quatre noms seulement suivent la déclinaison contracte de τεῖχος : ils ont exclusivement gardé la forme grecque, et ne sont usités qu'aux trois cas semblables du singulier et du pluriel.

SINGULIER.

Nom. Voc. Acc.   Cētŏs (κῆτος); — ĕpŏs (ἔπος); — mĕlŏs (μέλος)

PLURIEL.

— — —   Cētē (κήτεα, η); — ĕpē (ἔπεα, η); — mĕlē (μέλεα, η).
— — —   Tempē (Τέμπεα, η), *sans singulier.*

3° Noms en ĭs (sur πόλις).

SINGULIER.

Nom.	Pŏēsĭs	ποίησις
Voc.	poesĭ	ποίησι
Gén.	poesĭs, poesĕŏs	ποιήσεος (forme primitive)
Dat.	poesĭ	ποιήσεϊ, ει
Acc.	poesĭm, poesĭn	ποίησιν
Abl.	poesĭ	ποιήσεϊ, ει.

PLURIEL.

Nom. Voc.	Poesēs	ποιήσεες, εις
Gén.	poesĕŭm, poesĕŏn	ποιήσεων
Dat.	poesĭbŭs	(ποιήσεσι)
Acc.	poesēs	ποιήσεας, εις
Abl.	poesĭbŭs	(ποιήσεσι).

Dans cette déclinaison, le vocatif singulier est exclusivement grec; le datif et l'ablatif pluriels sont exclusivement latins. La forme latine et la forme grecque sont identiques au nominatif, au datif et à l'ablatif singuliers, et aux trois cas semblables du pluriel. Au génitif singulier et au génitif pluriel, la forme latine est la plus usitée.

4° Noms en ēs (sur Βασιλεύς).

Certains noms grecs en ευς, comme Ἀχιλλεύς, prennent

en latin la désinence en *ēs*, et se déclinent régulièrement :
Achillēs, ē voc., *ĭs, ī, ĕm, ĕ.* Ils ont aussi un génitif en
eī, ī, (voir 2ᵉ déclinaison, n° 4), et un accusatif poétique en
ĕă (*ibidem*) : *Achillëä* (Ἀχιλλέα).

5° *Noms en* ў*s et en* ȳ*s* (*sur* ἰχθύς).

SINGULIER.

Nom.	Chĕlȳs	χέλυς	Erīnnȳs	Ἐριννύς
Voc.	chelȳ	χέλυ	Erinnȳ	Ἐριννύ
Gén.	chelȳĭs, ȳŏs	χέλυος	Erinnȳŏs	Ἐριννύος
Dat.	chelȳī, ȳĭ	χέλυι	Erinnȳī, ȳĭ	Ἐριννύϊ
Acc.	chelȳn	χέλυν	Erinnȳn	Ἐριννύν
Abl.	chelȳĕ	χέλυι	Erinnȳĕ	Ἐριννύϊ.

PLURIEL.

Nom. Voc.	Chelȳĕs	χέλυες	Erinnȳĕs, ȳs	Ἐριννύες, ῦς
Gén.	chelȳōn	χελύων	Erinnȳōn	Ἐριννύων
Dat.	chelȳĭbŭs	χέλυσι	Erinnȳĭbŭs	Ἐριννύσι
Acc.	chelȳăs	χέλυας	Erinnȳăs, ȳs	Ἐριννύας, ῦς
Abl.	chelȳĭbŭs	χέλυσι	Erinnȳĭbŭs	Ἐριννύσι.

Déclinez ainsi *Tēthȳs* (Θητύς), *Tīphȳs* (Τῖφυς) et un petit
nombre d'autres mots. Les formes grecques dans ces mots
sont préférables aux formes latines. Les datifs et les ablatifs pluriels sont inusités.

6° *Noms en* ō (*sur* ἠχώ).

SINGULIER.

Nom.	Echō	ἠχώ
Voc.	echō	ἠχοῖ
Gén.	echūs	ἠχόος, οῦς
Dat.	echō	ἠχόϊ, οῖ
Acc.	echō	ἠχόα, ῶ
Abl.	echō	ἠχόϊ, οῖ.

Cette déclinaison a une forme entièrement grecque. Déclinez ainsi plusieurs noms propres : *Dīdŏ, Dīdūs* (Διδώ,
Διδόος, οῦς) ; *Clīŏ, Clīūs* (Κλειώ, Κλειόος, οῦς)...

DEUXIÈME PARTIE

PRINCIPES DE LA VERSIFICATION.

Nous avons étudié les règles de la quantité; il nous reste à connaître les principes de la versification. Dans les notions préliminaires, on a déjà appris la structure du vers hexamètre, et celle du vers pentamètre. Ces notions, quoique incomplètes, ont été suffisantes pour permettre les premiers essais de la versification, qui consistent à scander et à retourner les vers. Dans ce premier travail, l'élève emprunte à d'autres leurs expressions et leurs pensées; il se borne à reconnaître la mesure, et à rendre aux mots la place qu'ils doivent occuper. Bientôt il devra composer lui-même le vers, y faire entrer ses pensées propres et ses expressions : puis, il s'efforcera de le polir et de le rendre conforme aux règles du goût et de l'harmonie. De là deux chapitres dans cette seconde partie : composition du vers, élégance du vers.

CHAPITRE PREMIER

COMPOSITION DU VERS.

Quand l'élève, exercé longtemps à retourner les vers, est rompu à la mesure, on lui donne des sujets disposés de telle sorte qu'il ne puisse s'en servir pour composer le vers, sans y faire de notables modifications, soit que la quantité des mots ne se prête pas à la mesure, soit que les expressions ne soient pas assez poétiques. De là, pour lui, l'obligation de changer, de retrancher, et surtout d'ajouter.

Nous ne parlerons pas des retranchements ; le goût seul peut apprendre quand une expression est embarrassante et superflue.

Quant au changement dans les mots, il peut être total ou partiel ; il est total dans les synonymes, partiel dans les équivalents.

Les additions peuvent se faire aussi de deux manières : en ajoutant une épithète à un substantif, ou en développant, au moyen de périphrases, l'idée qui y est renfermée dans un mot.

Nous traiterons donc successivement des vers à retourner, des synonymes, des équivalents, des épithètes et des périphrases.

ARTICLE PREMIER

CONSEILS POUR RETOURNER LES VERS

Ces premiers exercices ont pour but de rompre à la construction du vers, d'en graver dans l'oreille la mesure et la cadence, enfin d'apprendre les différentes places que l'on peut donner à chaque mot. L'arrangement des mots par rapport à la phrase latine, l'arrangement des mots par rapport à la mesure du vers, feront l'objet de ces conseils.

§ 1er. — Conseils sur la construction des mots par rapport à la phrase latine.

L'étude de la versification latine a pour but premier d'amener à la connaissance de la langue. La première observation et la plus importante a donc pour objet *le respect de la langue :* d'où il suit que :

1° On doit éviter les inversions vicieuses qui rendraient la phrase obscure ou incorrecte[1]. Qui pourrait saisir la

---

1. + Il est des inversions que la poésie autorise, bien qu'elles soient défendues en prose : ainsi la conjonction *et* qui doit commencer le membre

construction grammaticale du vers suivant, digne de fi-gurer parmi les énigmes?

> Dico poeta bonum quem carmen fecit Homerum.

Cette phrase latine, qui est fort correcte, *poeta quem dico Homerum fecit carmen bonum,* devient inintelligible et barbare dans le vers précité.

2° On doit éviter de transposer les termes de deux propositions différentes, de manière à ce qu'ils soient intercalés et fondus les uns dans les autres : ainsi dans la matière suivante :

> Licet ævi flore vernans, ne mortem prospice.

les trois derniers mots ne peuvent en aucune manière être disséminés parmi les premiers : ce serait donc une faute grave de dire :

> Ne vernans mortem licet ævi prospice flore.
> Ævi flore licet mortem ne prospice vernans.

on devra dire :

> Flore licet vernans ævi, ne prospice mortem.

La même observation s'applique aux membres semblables d'une même proposition :

> Iras ventorum et fulmina cœli rident :

ne dites pas :

> Iras et cœli ventorum fulmina rident :

mais tournez ainsi :

> Iras ventorum rident et fulmina cœli :
> Ventorum rident iras et fulmina cœli.

3° Si pourtant un mot, soit sujet, soit verbe, soit ré-

---

de phrase qu'elle sert à unir, pourra être renvoyée après un mot ou deux: *que,* qui se met après le premier mot, pourra être mis après le second : les prépositions, qui doivent précéder leur régime, le suivront quelquefois élégamment.

Nous dirons plus loin dans quelle mesure et dans quelles circonstances on peut user de ces inversions.

gime, se rapporte également à plusieurs propositions, il peut être transporté dans celle que l'on veut :

Manu Polyhymnia cuncta signat, loquitur gestu :

comme dans ces deux propositions, *Polyhymnia* est le sujet de *loquitur* aussi bien que de *signat,* ce mot peut être transporté dans la seconde proposition :

Signat cuncta manu, loquitur Polyhymnia gestu.

Autre exemple :

Feremus cœlo te, si non humeris, te voce.

le verbe *feremus,* le complément *cœlo,* peuvent être transportés du premier membre de la proposition dans le second :

Te si non humeris, cœlo te voce feremus.

4° Une proposition entière, ou des membres semblables d'une même proposition, peuvent être transportés après une autre proposition, ou un autre membre de la proposition, pourvu que les mots qui les composent restent unis entre eux. Ainsi, dans la matière de ce distique : *Paulus habet, puto, nasum vix majorem quam corpuscula quæ per radios solis volitant,* l'incise *puto* pourra être renvoyée, la comparaison *quam corpuscula quæ per radios solis volitant* pourra être placée au commencement ; enfin le sujet et le verbe pourront terminer le pentamètre :

Quam quæ per radios volitant corpuscula solis
Majorem nasum vix, puto, Paulus habet.

Une proposition peut même être coupée en deux par une autre proposition, pourvu que les mots de cette dernière se suivent tous, et ne soient pas mélangés avec ceux de la première.

Ainsi l'on dira bien avec Virgile :

Tityre, dum redeo, brevis est via, pasce capellas.

Mais on ne saurait dire :

Tityre, dum brevis est, redeo, via, pasce capellas.

5° De ce que nous venons de dire, résulte *l'absolue né-cessité* de *comprendre parfaitement* le sens de la matière sur laquelle on doit s'exercer[1].

§ 2. — Conseils sur la construction des mots par rapport à la mesure du vers.

1° Avant de commencer à retourner un vers, il faut *s'assurer très-exactement* de la quantité de chaque syllabe. Une *seule erreur* suffirait pour arrêter complétement la construction du vers, et ferait perdre beaucoup de temps sans aucun profit[2].

2° Une des fautes les plus fréquentes chez les commençants est d'oublier la règle de position, ou l'emploi de l'élision : s'ils viennent à se trouver embarrassés, qu'ils examinent s'ils n'ont pas manqué à l'une de ces règles.

3° Pour retourner un vers hexamètre, il faut commencer par chercher le dactyle et le spondée finals : pour retourner un vers pentamètre, on cherche d'abord le second hémistiche[3].

4° Toutes les fois qu'un mot, ayant la même quantité qu'un autre, pourra occuper la même place, on lui donnera celle qui est le plus conforme à la construction de la phrase latine. La poésie, différente en ceci de la prose, aime à éloigner l'adjectif de son substantif, et termine plus volontiers par un nom que par un verbe.

Et ventos prævertere celeri planta possit.

---

1. Cela sera d'autant plus facile que MM. les professeurs ont généralement la louable habitude de l'expliquer eux-mêmes ou de la faire expliquer en classe.

2. Nous approuvons donc la méthode des professeurs expérimentés, qui ne donnent jamais une matière de vers sans donner en même temps la quantité des syllabes, indiquant eux-mêmes la quantité que les élèves ne peuvent pas encore connaître, et leur faisant donner, au moyen de questions, celle qu'ils ont apprise. C'est un excellent moyen pour graver dans de jeunes mémoires les règles de la prosodie et de la quantité; c'est économiser tout le temps qu'il eût fallu employer à chercher cette quantité ; c'est enfin préserver du dégoût des esprits encore légers, qu'une seule erreur mettrait dans l'impuissance de rien faire.

3. Pour éviter toute erreur sur le nombre des pieds, il sera bon de partager en six parties la feuille sur laquelle on écrit : de cette manière, on ne sera pas exposé à faire des vers de cinq pieds ou de sept.

Cette matière présente trois mots différents pour terminer le vers ; *ventos, planta, possit.* Comme le vers finit mieux par le substantif que par le verbe, on préférera les mots *ventos* et *planta* au mot *possit :* on devra choisir le mot *planta* de préférence à *ventos,* parce que le régime direct, quand il est court, se met bien avant le verbe, et que le nom aime à être éloigné de son épithète : on dira donc :

> Et ventos celeri possit prævertere planta.

5° Les règles de la césure ne doivent pas être appliquées d'une manière trop absolue. On doit regarder comme correct tout vers qui, à une césure pleine, joint une demi-césure, produite soit par un monosyllabe, soit par une élision, soit par l'addition d'une enclitique : on ne condamnera pas même deux demi-césures, car les meilleurs auteurs se sont écartés souvent des règles ordinaires, et l'on trouve de beaux vers qui en sont complétement privés.

6° Quand on a fini son travail, il faut le relire, en portant son attention :

1° Sur la quantité; surtout sur la règle de position ;
2° Sur le nombre et la place des césures ;
3° Sur les élisions ;
4° Enfin, et par-dessus tout, sur la phrase latine.

ARTICLE SECOND

DES SYNONYMES.

Un synonyme (συνώνυμος, σὺν ὄνομα, nom avec, qui partage son nom avec un autre) est un mot ayant à peu près la même signification qu'un autre.

Supposons que telle soit la matière donnée pour un vers :

> Si cantamus nemora, nemora sint consule digna.

Les mots *cantamus*, *nemora*, en contrarient la mesure; mettons les synonymes *canimus*, *silvas*, et nous aurons ce vers connu :

Si canimus silvas, silvæ sint consule dignæ.

§ 1er. — Emploi des synonymes par rapport à la phrase latine.

1° Le travail sur les synonymes est un de ceux qui font le plus avancer dans la connaissance de la langue. En effet, l'on est obligé souvent pour rendre une seule et même idée, de passer en revue un grand nombre d'expressions, de les comparer entre elles, avant d'en adopter une qui s'accorde avec l'idée et satisfasse aux exigences de la mesure. Celui qui voudra se rendre compte de la valeur des termes qu'il essaye, enrichira sa mémoire d'une foule de mots et de tournures, et acquerra une grande facilité pour exprimer en latin sa pensée. Car si, malgré la difficulté de la mesure, il s'habitue à trouver des expressions justes, n'est-il pas évident qu'il les trouvera plus facilement encore quand il ne sera pas entravé par les exigences du vers [1] ?

2° Un très-petit nombre de mots sont parfaitement synonymes : ils ont presque toujours dans la signification une légère nuance qui les distingue. Ces nuances peuvent être indifférentes au sujet que l'on traite, de même qu'elles peuvent être importantes et essentielles.

Il est donc nécessaire, avant d'employer un mot, d'en savoir parfaitement la signification et la valeur précises.

Celui qui, dans le choix des synonymes, ne consulterait

---

1. On est porté généralement à exagérer beaucoup la difficulté de faire des vers corrects sous le double rapport de la langue et de la mesure. Pour arriver à un bon résultat, il suffit d'un peu de bonne volonté de la part de l'élève, et d'une persévérante insistance de la part du maitre. On ne souffrirait pas dans un thème une expression dont l'élève ne pourrait rendre compte; pourquoi n'agirait-on pas de même dans un exercice de vers? La manière de disposer la matière des vers n'est pas indifférente pour atteindre ce même but : aussi un bon recueil, où les matières sont disposées avec intelligence, est précieux autant que rare.

que le besoin du vers, et la quantité des mots s'exposerait à faire bien des contre-sens.

3° Il y a dans toutes les langues certaines expressions consacrées, qui se composent de deux ou plusieurs mots auxquels on ne peut rien changer, sans se rendre inintelligible. Ainsi, on dit *morem gerere,* on ne dira pas *consuetudinem gerere;* on peut dire *voti reus,* on ne peut pas dire *voti nocens...*

4° Il est essentiel d'observer la nature du mot que l'on change, c'est-à-dire quel en est le genre, le nombre, le cas; le rôle qu'il joue dans la phrase, c'est-à-dire s'il a un régime, et quel régime : car si le mot par lequel on le remplace n'est pas de même nature, ou ne joue pas le même rôle, il faudra modifier la matière conformément aux exigences de ce mot [1].

Nec spem libertatis habebam, nec curam peculi.

Le changement du verbe *habebam* dans le verbe *erat,* amène ceux de *spem* et de *curam :*

Nec spes libertatis erat, nec cura peculi. *Virg.*

§ 2. — Emploi des synonymes par rapport à la construction du vers.

1° Il convient de ne commencer l'étude des synonymes qu'après avoir appris toutes les règles de la quantité. Rien ne fait perdre plus de temps, n'expose plus à se tromper, et ne conduit plus vite à la routine, que d'être contraint de chercher la quantité de chacun des mots que l'on essaie [2].

---

1. C'est l'oubli de ce principe qui fait commettre tant de fautes de latin, et qui arrête même souvent la facture du vers, comme nous le dirons au paragraphe suivant.

2. Nous ne parlons pas ici de la quantité absolue, c'est-à-dire de la quantité du radical : cette quantité ne varie pas, et on la trouve toujours marquée sur chaque mot. Nous parlons surtout de la quantité des finales et des créments. Le plus léger changement dans un mot amène d'ordinaire un changement de finale et de crément, et par suite un changement dans la quantité. Comme ces changements sont très-fréquents, on conçoit qu'il

2° Le dictionnaire n'indique pas tous les synonymes qu'un mot peut avoir. Un élève studieux sait découvrir lui-même ceux qui conviennent à son sujet. Il a pour cela deux moyens : l'étude des auteurs, l'usage intelligent du *Thesaurus*. Supposons qu'il ait à exprimer cette idée : *fluctus scindere*, et qu'il soit obligé de changer le mot *scindere;* parmi les synonymes que le *Thesaurus* donne à ce verbe, il en est beaucoup qu'il sera obligé de rejeter. Que fera-t-il alors? Il se rappellera, dans les auteurs qu'il a expliqués, les verbes qui se construisent avec *fluctus*, tels que *sulcare, verrere*... Si sa mémoire ne le sert pas suffisamment, il aura de nouveau recours au *Thesaurus*, et trouvera le moyen de s'en faire aider de différentes manières. Il se dira : fendre les flots, c'est naviguer; il cherchera donc le verbe *navigo*, et il trouvera pour synonymes à *scindere : arare, fatigare, findere, ferire, secare, tranare*... S'il change le mot *fluctus* en son synonyme *æquor*, il pourra encore trouver de nouvelles expressions : *currere, lustrare, metiri, penetrare*... Avec d'autres changements, de nouveaux synonymes se présenteront à lui; s'il met *per æquora*, il aura *ferri, ire, labi, volare*... et ainsi de suite [1].

3° L'emploi des synonymes demande une grande attention, par suite des modifications que peut nécessiter le changement d'un seul mot. Il ne faut plus travailler son sujet vers par vers, mais-phrases par phrases : quelquefois même le dernier vers de la phrase devra se faire le premier : l'exemple suivant fera comprendre l'importance

---

est nécessaire de pouvoir leur appliquer immédiatement les règles de la quantité. Par exemple, je cherche un synonyme au mot *curis;* le *Gradus* me donne le mot *lăbor;* mais il ne m'indique la quantité que de la première syllabe de *lăbōrĭbŭs;* je dois savoir la quantité des autres; si non, je perds du temps à la chercher, et j'ai perdu le temps que j'ai consacré à l'étude de la prosodie.

1. Le *Thesaurus* est une mine abondante et riche, où l'on trouve beaucoup d'idées poétiques, avec une foule de manières pour les rendre. Mais l'on comprend aisément que ce livre ne peut pas, à chaque mot qui se rattache à une idée, répéter toutes les manières d'exprimer cette idée. C'est donc à l'élève à chercher, et à savoir découvrir ailleurs ce qu'il ne trouve pas au mot qu'il a sous les yeux.

de cette remarque : il est emprunté à la belle pièce du Père de la Sante, intitulée : *L'âne devant le miroir :* supposons que telle soit la matière :

> ... Rictu patenti diductis
> Oribus; naribus cavis, de more gemini canalis;
> Fronte exporrecta; dein binis ocellis, nitenti
> Vitro splendidioribus, gemino sidere, Arcade teste;
> Cruribusque non inficiandis vel cervo, tuenti
> Si qua fides; paribusque palmæ bipedali ambobus
> Apicibus auricularum gaudet.....

Tous ces ablatifs, *oribus diductis, cavis naribus, fronte exporrecta...* sont régis par le verbe *gaudet :* changeons ce verbe neutre en un verbe actif, il faudra changer ces ablatifs en autant d'accusatifs : il faut donc commencer par changer le dernier vers; au lieu de *gaudet,* qu'on dise avec le poëte :

> Vitreo miratur in orbe;

èt tous les vers qui précèdent se feront sans peine avec de légères modifications :

> ... Rictu diducta patenti
> Ora; cavas gemini nares de more canalis;
> Frontem exporrectam; dein lumina bina nitenti
> Splendidiora vitro, geminum, teste Arcade, sidus;
> Cruraque vel cervis non inficianda, tuenti
> Si qua fides; palmisque pares bipedalibus ambos
> Auricularum apices vitreo miratur in orbe...

Il faut donc avant de commencer une phrase, examiner avec attention si, parmi les mots à changer, il n'en est pas qui influent sur d'autres : si l'on en trouve, il faut leur chercher les synonymes convenables, avant tout autre travail.

ARTICLE TROISIÈME

DES ÉQUIVALENTS.

Les équivalents[1] facilitent considérablement la confec-

---

1. Voici en quoi les équivalents diffèrent des synonymes. Deux mots

tion du vers, parce qu'ils font connaître une foule de manières différentes pour construire les mots.

Dans le choix des équivalents, comme dans celui des synonymes, il faut observer la nature du mot que l'on modifie, et son rôle dans la phrase. Ainsi, dans ce vers :

Plaude, Roma, duc solemnem pompam :

le nom abstrait *Roma* changé dans le concret *Romani*, entraîne le changement de *plaude* et de *duc !*

Plaudite, Romani, solemnem ducite pompam.

Souvent un mot a différentes formes qui peuvent être employées indistinctement, comme *amaverunt, amavere, amarunt;* souvent un même mot peut se prêter à des constructions différentes, comme *similis patris* ou *patri, bonitas patris* ou *paterna...*

Nous n'insisterons pas sur les équivalents de formes. Toutes les fois qu'un mot est susceptible d'en avoir plusieurs, on est libre de choisir celle qui se prête le mieux à la mesure du vers[1]. Ainsi on dira :

Prudentum *ou* prudentium		Audierunt, audiere, *ou* audiverunt, audivere	
Grammatica — grammatice		Sapienti	— sapiente[2]
Retulit — rettulit		Queis	— quibus
Loci — loca		Poematis	— poematibus
Religio — relligio		Heroa, heroas	— heroem, heroes
Honor — honos		Imitaris	— imitare
Lenibam — leniebam		Periculum	— periclum
Nunquam — non unquam		Prudentior	— magis prudens...

Nous nous appesantirons davantage sur les diverses manières de construire le même mot.

---

synonymes diffèrent entre eux par le radical même et n'ont d'autre rapport que le rapprochement du sens. Un mot au contraire est l'équivalent d'un autre, lorsqu'il en garde le radical, et qu'il n'en change que la terminaison; ainsi *amare* et *diligere* sont deux mots synonymes; *amicitia* et *amicus* sont deux mots équivalents.

1. On trouvera à la note B, à la fin du volume, un certain nombre de ces formes dont on peut indifféremment se servir.

2. En poésie, tous les adjectifs qui ont l'ablatif en *e* ont aussi l'ablatif en *i*, même les comparatifs. Plusieurs substantifs, que l'usage apprendra, ont aussi ces deux terminaisons; c'est ainsi que le mot *ignis* fait mieux à l'ablatif *igni* que *igne*.

Nous les examinerons successivement dans le substantif, l'adjectif, le verbe et l'adverbe; mais nous ne verrons que celles qui sont d'un usage ordinaire, et non toutes celles qu'ont employées les poëtes.

§ 1er. — DANS LE SUBSTANTIF.

Le substantif peut être changé dans le nombre, dans le cas, dans la nature.

1° Dans le nombre. — Très-souvent les poëtes mettent le singulier pour le pluriel et le pluriel pour le singulier. Ainsi on dira indifféremment *miles* ou *milites*, *funus* ou *funera, tempora* ou *tempus*... Ovide, au lieu de dire :

> Et mel flavum stillabat de ilicibus viridibus.

a dit :

> Flavaque de viridi stillabant ilice mella.

Mais il faut bien choisir les mots susceptibles de ce changement; car il est plusieurs circonstances où l'usage et le goût le réprouveraient. Ainsi, on ne dirait pas *illusæ auris vestes,* pour *illusæ auro ;* on ne dirait pas *ferra* pour *ferrum.*

2° Dans le cas. — On peut mettre un cas différent lorsque le nom est régime d'un mot qui gouverne différents cas, ou lorsque, sans solécisme ni contre-sens, on peut changer la construction grammaticale, et du régime faire le sujet. Ainsi, au lieu de :

> Lentam salicem quantum superat pallens oliva,

on dira élégamment :

> Lenta salix quantum pallenti cedit olivæ. *Virg.*

Au lieu de : *inimicus Dei, scribo tibi, admonui eum periculi...* on pourra dire : *inimicus Deo, scribo ad te, admonui eum de periculo...*

3° Dans la nature. — On peut élégamment en faire un adjectif : *fines patrii,* au lieu de *fines patriæ; vas aureum,* pour *ex auro...*

— Le nom abstrait peut quelquefois se changer en nom concret, et réciproquement : *Deus* ou *divinitas, juvenes* ou *juventus...* Mais il faut de la discrétion dans l'emploi de ce changement.

— On pourra aussi quelquefois changer le substantif en son verbe correspondant : *cura colendi,* au lieu de *cura culluræ.*

§ 2. — DANS L'ADJECTIF.

1° L'adjectif se change quelquefois en un substantif. Ainsi Virgile a dit : *inclementia divûm,* pour *inclementes divi.*

2° Quelquefois aussi l'adjectif se prend substantivement : l'on peut dire : *per angusta viarum,* au lieu de *per angustas vias.* Cette tournure est poétique; mais on ne doit l'employer qu'en s'autorisant de l'exemple d'un bon auteur.

3° L'adjectif se met élégamment au comparatif au lieu du positif[1].

> Candidior postquam tondenti barba cadebat. *Virg.*

Candidior au lieu de *candida.*

4° Le comparatif remplace aussi le superlatif suivi d'un génitif. Ainsi, au lieu de *præstantissimus omnium,* on dira : *ante alios præstantior omnes... quo præstantior alter non fuit...*

§ 3. — DANS LE VERBE.

Le verbe peut être changé dans sa nature, sa voix, ses temps, ses modes, son nombre.

1° **Dans sa nature.** — On peut quelquefois faire du verbe un substantif. Ainsi, au lieu de *tempus laborandi,* on dira *tempus laboris;* au lieu de *vos ducebam,* on dira avec Virgile : *dux ego vester eram.*

2° **Dans sa voix.** — On peut tourner l'actif par le

---

1. Il faut être réservé dans l'emploi de ce changement; si l'on mettait partout des comparatifs, on rendrait la phrase inintelligible. Ici, comme ailleurs, il faut consulter le goût et l'usage.

passif et réciproquement. Ainsi, au lieu de *cæcus eum carpit ignis*, on mettra mieux avec Virgile : *cæco cárpitur igni :* au lieu de *acriori cura domatur*, on dira avec le même auteur : *acrior illum cura domat.*

3° Dans ses temps. — Les poëtes remplacent souvent le parfait par le présent, pour donner plus de vivacité au discours. Ainsi Énée, racontant à Didon la chute de Troie, se sert souvent du présent.

> Dividimus muros, et mœnia pandimus urbis. *Virg.*

— Quelquefois au contraire, ils mettent le parfait au lieu du présent ou du futur, pour donner une idée frappante de la rapidité de l'action, qu'ils décrivent comme déjà passée :

> Terra tremit; fugere feræ; mortalia corda
> Per gentes humilis stravit pavor... *Virg.*

fugere, stravit, pour *fugiunt, sternit.*

Le même changement du présent en parfait a lieu aussi à l'infinitif :

> Nec te pœniteat calamo trivisse labellum. *Virg.*

pour *terere.*

— Les deux futurs de l'indicatif s'emploient indifféremment l'un pour l'autre :

> Quas gentes Italum, aut quas non oraveris urbes. *Virg.*

oraveris pour *orabis.*

— Dans une phrase dont le sens est conditionnel, on peut mettre le présent du subjonctif au lieu de l'imparfait :

> Ni faciant, maria ac terras, cœlumque profundum
> Quippe ferant rapidi secum, verrantque per auras. *Virg.*

faciant, ferant, verrant, pour *facerent, ferrent, verrerent.*

4° Dans ses modes. — Dans un récit, l'infinitif peut remplacer l'indicatif. Ainsi cette phrase si prosaïque : *metu trepidavimus, flagrantes crines excussimus, ignemque* *undâ restinximus,* devient vive et rapide, lorsqu'on dit avec Virgile :

> Nos pavidi trepidare metu, crinemque flagrantem
> Excutere, et sanctos restinguere fontibus ignes.

— Le gérondif est remplacé élégamment par l'infinitif :

> Sed si tantus amor casus cognoscere nostros. *Virg.*

cognoscere pour *cognoscendi.*

— Au lieu de *facilis captu,* on dira bien *capi facilis;* on dira encore *viderunt te fugere,* pour *fugientem; eo ludere,* pour *lusum; dignus legi,* pour *qui legatur : suadeo succurrere,* pour *ut succurrat*[1].

5° **Dans le nombre.** — Virgile fait dire à Didon, parlant d'elle seule : *moriamur inultæ, sed moriamur, ait.*

On voit qu'ici le pluriel employé pour le singulier donne à la pensée plus d'énergie et de noblesse.

§ 4. — DANS LES ADVERBES.

1° L'adverbe peut se changer en un adjectif que l'on fait rapporter, soit au sujet : *solvite vela citi,* pour *cito :*

> Nec minus Æneas se matutinus agebat. *Virg.*

matutinus pour *mane;*
soit au régime :

> Nocturna versate manu, versate diurna. *Hor.*

Nocturna, diurna, pour *noctu, diu.*
Ce changement est d'une grande élégance.

2° L'adverbe peut encore être remplacé par un adjectif

---

1. Cet emploi de l'infinitif facilite singulièrement la confection des vers. Loin de l'interdire aux élèves, on ne saurait trop le leur recommander. Voici d'après l'excellent traité de versification de M. Quicherat, quelques-uns des verbes après lesquels les poëtes aiment à mettre l'infinitif. *Amo, ardeo, certo, conor, festino, flagro, gaudeo, gestio, insto, laboro, luctor, nitor, propero, studeo, tendo.* Pour défendre, il est bon d'employer l'infinitif avec *noli* ou d'autres verbes qui marquent éloignement, comme dans ces exemples : *occidere noli : oderis curare : mitte sectari : omitte mirari : remittas quærere : fuge suspicari : aufer me terrere : parcite procedere...*

neutre soit singulier, soit pluriel : *suave rubens hyacin-thus*, pour *suaviter rubens ; multa gemens, torva tueri*, pour *multum, torve*.

Nota. — Les adverbes dérivés d'adjectifs de la seconde déclinaison, et terminés par *e* ou par *o*, comme *torve, multo*, sont peu poétiques; les autres sont d'un meilleur usage.

ARTICLE QUATRIÈME

DES ÉPITHÈTES.

1° L'épithète (ἐπίθετον, ἐπὶ τίθημι, j'ajoute) est un adjectif ajouté à un substantif pour le caractériser. Si l'on avait ces trois mots pour la matière d'un vers : *musam meditaris avena*, il faudrait caractériser les deux substantifs par des épithètes :

Silvestrem tenui musam meditaris avena.

Le rôle que joue l'épithète dans le vers latin ne peut être bien apprécié que de ceux qui ont fait une étude spéciale de la versification. L'heureux choix de l'épithète contribue puissamment à donner au vers sa grâce et son harmonie, et à la phrase latine en général cette expression, ce coloris et cette ampleur que notre langue ne saurait imiter que de loin[1].

2° On distingue trois sortes d'épithètes : les épithètes de nature, les épithètes de caractère, les épithètes de circonstance.

---

1. L'usage de l'épithète est commun à toute poésie, dans toutes les langues. Mais la prose latine fait aussi un usage fréquent et heureux de l'épithète. En voici un exemple pris au hasard dans Tacite, grand maître dans l'emploi des épithètes. *Nox per diversa* INQUIES, *quum barbari* FESTIS *epulis*, LÆTO *cantu*, TRUCIque *sonore* SUBJECTA *vallium ac* RESULTANTES *saltus complerent ; apud Romanos* INVALIDI *ignes*, INTERRUPTÆ *voces, atque ipsi passim adjacerent vallo, oberrarent tentoriis*, INSOMNES *magis quam* PERVIGILES, *ducemque terruit* DIRA *quies*.

N'est-ce pas au choix heureux des épithètes, à leur disposition savante, que cette phrase latine doit sa beauté sévère et sa sombre harmonie?

— Les épithètes de nature conviennent à tous les objets dont on parle, comme *unda liquida, humidum mare :* toute eau est liquide, toute mer est humide; ces épithètes sont donc des épithètes de nature.

— Les épithètes de caractère expriment la qualité dominante d'une personne ou d'une chose. Ainsi, quand je dis *fagus patula,* j'ajoute au substantif *fagus* une épithète de caractère. Ce hêtre se distingue des autres par l'épaisseur de son feuillage; il est plus touffu que ne le sont d'ordinaire les hêtres; son caractère propre, sa qualité dominante, c'est d'être touffu.

— Les épithètes de circonstance sont celles qui ne conviennent à la personne ou à la chose dont il s'agit, qu'en vertu de la circonstance dont on parle[1]. Ainsi, *patula* ne sera pas une épithète de circonstance, parce que le hêtre était touffu avant que Tityre allât s'étendre sous son ombrage, et qu'il le fut encore après que Tityre l'eût quitté. La circonstance dont on parle n'exerce donc aucune influence sur cette épithète.

Mais si je dis avec Virgile :

Et freta destituent nudos in littore pisces.

l'épithète *nudos* sera une épithète de circonstance. En effet, les poissons ne seront à sec que dans la circonstance qui est décrite ici, à savoir que la mer les a repoussés de son sein.

3° Les épithètes de nature doivent être rares; on ne peut cependant pas les interdire complétement, attendu que les bons poëtes latins les ont souvent employées d'une

---

1. On peut regarder encore comme épithètes de circonstance toutes les épithètes qui n'expriment pas une qualité inhérente au substantif. Ainsi, la qualité de *touffu* est inhérente au *hêtre* : *touffu* ne sera donc pas une épithète de circonstance. *Nudos,* au contraire, exprime quelque chose d'extrinsèque à *pisces;* car *être à sec* n'est pas quelque chose qui soit dans le poisson. Cette épithète sera donc une épithète de circonstance. De même, dans l'exemple cité plus bas, l'épithète *desueta* ajoutée à *arma* est une épithète de circonstance, parce que ce n'est pas quelque chose d'inhérent aux armes que de n'être plus portées. Les armes, portées ou non, restent les mêmes; l'épithète ne leur convient qu'en vertu de la circonstance qui nous les fait voir entre les mains d'un vieillard.

manière heureuse, comme on peut le voir par plusieurs exemples.

— Les épithètes de caractère sont bonnes.

— Mais les épithètes de circonstances sont les meilleures.

Le grand talent du poëte est de bien saisir tous les rapports de la circonstance qu'il exprime, et de savoir les peindre. — C'est ce en quoi Virgile excelle : voyons-le représentant Priam qui charge ses mains d'armes inutiles.

> Arma diu senior *desueta* trementibus ævo
> Circumdat nequicquam humeris, et *inutile* ferrum
> Cingitur, ac *densos* fertur *moriturus* in hostes.

C'est à trouver ces sortes d'épithètes qu'il faut s'exercer constamment. Pour cela il ne faut pas chercher les épithètes dans le dictionnaire; mais on doit les trouver par le moyen de la réflexion. Il faut méditer le sujet, et chercher l'idée que la circonstance éveille. Une fois maître de cette idée, on peut se servir avantageusement du *Thesaurus* pour l'exprimer; mais nous le répétons, l'idée elle-même ne doit se puiser que dans la réflexion.

— Il est d'autres épithètes dont on doit rechercher l'emploi; ce sont celles qui prêtent aux êtres privés de vie ou de raison, des sentiments ou des actions qui ne conviennent qu'à des êtres vivants ou raisonnables.

Nota. — Ce qui se dit ici des épithètes convient également à quelque mot que ce soit.

Ce sont ces sortes d'expressions qui donnent tant de charme à ces beaux vers de Virgile :

> It tristis arator
> Mœrentem abjungens fraterna morte juvencum.
> Post, bellator equus, positis insignibus, Æthon
> It lacrimans, guttisque humectat grandibus ora.
> Arebant herbæ, et victum seges ægra negabat.

4° Il faut éviter de donner deux épithètes à un même substantif; si parfois on se le permet, il faut avoir soin de les unir par une conjonction, à moins que l'on ne fasse une description ou un portrait, comme dans ce vers si connu :

> Monstrum horrendum, informe, ingens, cui lumen ademptum. *Virg.*

mais on dirait mal :

> Talia magniloquo, tumido memoraverat ore.

Pour éviter ces deux épithètes si choquantes, on pourra en faire rapporter une au sujet, en laissant l'autre au complément :

> Talia magniloquo tumidus memoraverat ore. *Ovid.*

5° L'épithète doit en général se placer avant le substantif, et, si elle a la même consonnance, il faut de plus qu'elle en soit séparée par un ou plusieurs mots :

> Sanguineis frontem moris et tempora pingit. *Virg.*

Mais l'on ne dirait pas bien *felicem hominem, rancidum aprum…* Si cependant l'épithète et le substantif étaient tous les deux terminés en *a,* leur rapprochement serait permis. On peut aussi mettre l'épithète immédiatement avant le substantif, quand elle n'a pas la même consonnance.

> Florentem cytisum sequitur lasciva capella. *Virg.*

— Lorsque le substantif occupe la fin du vers, l'épithète se place élégamment vers le commencement, de manière que sa finale fasse une césure après le second pied.

> Ah! tibi ne teneras glacies secet aspera plantas! *Virg.*

— Lorsque, dans un même vers, il y a deux épithètes se rapportant à deux substantifs différents, il est très-élégant de les mettre à côté l'une de l'autre.

> Mollia luteola pingit vaccinia caltha. *Virg.*
> Talia divino fuderunt carmine fata. *Cat.*
> Purpureus molli fiat in ore rubor. *Ovid.*

ARTICLE CINQUIÈME

DES PÉRIPHRASES.

Les périphrases (περίφρασις, περιφράζω, *circumloqui*, circonlocution) sont des circonlocutions que les poëtes emploient pour développer ou rendre d'une manière plus poétique l'idée qui se trouve dans un mot ou dans une phrase. Ainsi, au lieu de dire *angelus, angeli*, on dira : *puræ sine corpore mentes : cœlestis nuntius aulæ : aligeri chori : sidereæ phalanges : turba ministra Dei : aulæ stellantis alumnus...* On peut déjà voir par là quelles ressources présentent les périphrases, et combien elles facilitent la confection du vers.

On distingue les périphrases de mots, et les périphrases de pensées, qu'on pourrait encore appeler amplification.

§ 1er. — PÉRIPHRASES DE MOTS.

Les périphrases de mots consistent à dire en plusieurs mots ce qui est exprimé par un seul dans la matière ; soit que ce mot demeure, comme *tempora veris*, pour *ver* ; soit qu'il disparaisse, comme *diem obire supremum*, pour *mori*.

1° Les périphrases de mots mettent de la variété, de la grâce et de l'intérêt dans le sujet. Ainsi le verbe *dormire* exprime sèchement une action qui veut être développée et peinte en quelque sorte, pour plaire en poésie. On dira donc : *dare membra quieti, artus componere lecto, claudere lumina somno, oculos in somnum solvere...*

2° Cet exercice est d'une très-grande utilité pour la connaissance du latin. En effet, il est rare de tomber tout d'abord sur la périphrase convenable : avant de réussir, il sera nécessaire d'en essayer souvent un certain nombre. Ce travail, fait avec intelligence, apprendra beaucoup de tournures, habituera à rendre une même pensée sous plusieurs formes, et donnera une grande facilité pour la composition latine.

3° Pour trouver ces sortes de périphrases, il faut joindre à la réflexion l'usage du *Gradus*.

Pour user avantageusement du *Gradus*, il ne faut pas oublier que ce dictionnaire n'indique les périphrases que pour les mots les plus saillants : ainsi il indiquera des périphrases au verbe *dormio;* au substantif *somnus;* mais à tous les mots de la même famille, tels que *dormito, sopor,* il ne peut répéter les mêmes choses : si donc l'expression que l'on doit développer, n'a aucune périphrase indiquée dans le *Gradus,* il faudra lui en chercher dans un mot analogue.

Souvent aussi, deux mots différents, quand ils se rapportent à une même idée, peuvent se prêter leurs périphrases : ainsi on peut trouver des développements aux mots *lectus, somnium,* en cherchant le mot *somnus;* et réciproquement le mot *somnus* empruntera des périphrases à *lectus* et à *somnium.* Pour développer l'adverbe *mane,* on cherchera le substantif *sol;* pour le mot *tempestas,* on consultera les mots *nubila, ventus, mare, fulmen...* et réciproquement pour chacun de ces mots, on pourra recourir au mot *tempestas*[1]...

§ 2. — PÉRIPHRASES DE PENSÉES, OU AMPLIFICATION.

1° Les périphrases de pensées ou amplification, consistent à développer la pensée exprimée dans la matière. Elles préparent directement à développer un sujet latin, et à trouver des idées en rapport avec toute sorte de devoirs. Nous allons en donner un exemple, pour faire comprendre tout le parti qu'on en peut tirer dans la versification.

Lorsque la matière qui a été donnée n'est pas assez étendue, il faut d'abord bien se pénétrer du sens, de l'idée que l'on doit exprimer : puis on réfléchit sur les cir-

---

1. C'est ici le lieu de rappeler encore le principe fondamental, qu'on ne doit employer aucun mot, aucune tournure, sans en connaître la signification et la valeur précises.

constances de la chose dont il s'agit : on se demande pourquoi elle se fait, comment, quand, dans quel lieu[1].

Supposons que l'on n'ait que ces deux mots pour toute matière : *Cervus fugit*. On se fera les interrogations précédentes : *Comment fuit-il?* Le cerf est très-léger et très-timide : nous dirons donc : *celeri pede, impete magno...* Si la matière n'est pas assez développée, continuons nos interrogations. *Pourquoi fuit-il?* La raison nous dit que c'est pour éviter les poursuites d'un ennemi. Quel est l'ennemi ordinaire du cerf? c'est le chasseur, ce sont les chiens. Mettons donc : *agitatus canibus, dum canis insequitur...* On pourra dire aussi : *Où fuit-il?* Il fuit vers sa retraite dans les forêts; il fuit à travers les campagnes, où il peut développer davantage la vitesse de ses pieds. Si la matière ainsi amplifiée se trouve trop longue, on peut retrancher quelques-unes de ces idées : si les mots ne s'accommodent pas avec la mesure, on peut se servir de synonymes, d'équivalents, ajouter des épithètes.....

Nous dirons donc pour exprimer ces deux mots *Cervus fugit* :

> Cervus in umbrosis magno fugit impete silvis.
> In campis celeri fertur pede cervus apertis.
> Dum canis insequitur, magno fugit impete cervus[2].

On pourrait trouver plusieurs autres vers qui ne seraient que le développement de ces mots *Cervus fugit*. Mais cela suffit pour faire voir toutes les ressources que les périphrases de pensées présentent pour la construction du vers[3].

---

1. On a résumé dans le vers technique suivant les différentes circonstances qui accompagnent une action :

> Quis, quid, ubi, quibus auxiliis, cur, quomodo, quando :

c'est-à-dire le sujet, l'objet, le lieu, les auxiliaires, le motif, la manière, le temps.

2. Cet exercice est emprunté à la *Prosodie* de l'abbé Tuet.

3. Nous ajouterons cependant un autre exercice sur des vers tirés de

2° Nous venons de voir quelques moyens pour développer une pensée : mais il en est beaucoup d'autres que l'usage apprendra; nous nous contenterons d'en signaler quelques-uns.

— Quand on décrit un objet, on peut faire l'énumération des différentes parties dont il se compose. La quatrième églogue de Virgile, depuis le vers dix-septième jusqu'au vers quarante-cinquième, n'est qu'une longue et magnifique énumération des biens que l'âge d'or, ramené progressivement sur la terre, procurera à l'univers.

— On peut donner un substantif pour attribut à un autre substantif : c'est ce qu'on appelle apposition.

> Effodiuntur opes, irritamenta malorum. *Ovid.*

— On peut ajouter à un membre de phrase, un autre membre de phrase qui forme un sens partiel et complète l'idée : c'est ce qu'on appelle *incise* ou *phrase incidente.*

> Cantantes licet usque, minus via lædet, eamus. *Virg.*
> Pecudesque locutæ :
> Infandum!... *Virg.*

— Dans les poëtes latins, on trouve une multitude d'ablatifs destinés à exprimer les circonstances si nombreuses qui accompagnent une action : on ne saurait trop recommander l'usage de ces ablatifs dans la versification.

> Stridenti miserum stipula disperdere carmen. *Virg.*
> Pan etiam Arcadia mecum si judice certet,
> Pan etiam Arcadia dicat se judice victum. *Virg.*

— On peut encore développer l'idée par le moyen d'une comparaison. Virgile en offre un bel exemple dans la

---

Virgile. Pour exprimer cette idée : *bellorum reliquias inveniet arator,* Virgile dit :

> Scilicet et tempus veniet[1] quum, finibus illis[2],
> Agricola, incurvo terram molitus[3] aratro[4],
> Exesa inveniet[3] scabra robigine pila[5],
> Aut gravibus rastris[4] galeas[5] pulsabit[3] inanes,
> Grandiaque effossis mirabitur[3] ossa[5] sepulchris[2].

[1] Le temps; [2] le lieu; [3] les actions du laboureur; [4] les instruments; [5] énumération des restes de la guerre.

comparaison qu'il fait du chantre de Thrace qui a perdu sa chère Eurydice, avec le chantre des bois qui a perdu ses petits.

> Qualis populea mœrens Philomela sub umbra,
> Amissos queritur fetus, quos durus arator
> Observans nido implumes detraxit : at illa
> Flet noctem, ramoque sedens miserabile carmen
> Integrat, et mœstis late loca questibus implet.

Nota. — Les périphrases de pensées ou amplifications doivent être réglées sur l'idée et le ton de la pièce. Tout détail qui ne concourt pas à la beauté de l'ensemble, ou qui contraste avec le ton dominant, viole l'unité, et devient ainsi une faute essentielle. On se gardera donc bien d'imiter ceux qui insistent sur des idées secondaires, qui les amplifient, les font ressortir, tandis qu'ils coulent assez légèrement sur les pensées les plus frappantes, et qui demanderaient le plus de développement.

CHAPITRE SECOND

ÉLÉGANCE DU VERS.

Ce chapitre renfermera trois articles : règles générales d'élégance : règles particulières : licences poétiques.

ARTICLE PREMIER

RÈGLES GÉNÉRALES DE L'ÉLÉGANCE DANS LES VERS.

1° Avant de traiter un sujet quelconque, il faut y appliquer son imagination, s'en bien pénétrer, et entrer le plus possible dans les sentiments qu'il exprime.

2° Il peut être utile de lire, avant de composer, quelque page d'un bon poëte. Les quelques instants qu'on y consacrera seront largement compensés par la facilité de versifier qui en résultera. Par ce moyen la cadence du vers se grave dans l'oreille, les diverses manières de développer une idée, la place à donner aux différents mots, les tours poétiques sont remémorés à l'esprit. Ces avantages sont plus sensibles encore, si on peut lire un passage analogue au sujet que l'on traite.

3° Le mot qui termine le mieux le vers est le substantif, et après lui le verbe. Il faut cependant, pour éviter la monotonie, terminer de temps à autre le vers par un mot différent. Ainsi la première églogue de Virgile qui renferme quatre-vingt-quatre vers, en a cinquante terminés par des substantifs, vingt-deux par des verbes, neuf par des épithètes, deux par des pronoms, un par un adverbe.

4° Les dactyles donnent de la rapidité au vers, et les spondées au contraire le rendent grave et lent. Pour faire un vers bien cadencé, il faudra donc mélanger ces deux sortes de pieds. Ordinairement le vers a beaucoup de grâce et d'harmonie, lorsque les dactyles et les spondées sont placés alternativement.

> Ille etiam extincto miseratus Cæsare Romam,
> Cum caput obscura nitidum ferrugine texit,
> Impiaque æternam timuerunt sæcula noctem. *Virg.*

5° Dans les sujets graves, majestueux, tristes, lugubres, il vaut mieux faire dominer les spondées.

> Illi inter sese magna vi brachia tollunt. *Virg.*
> Extinctum nymphæ crudeli funere Daphnin
> Flebant... *Virg.*

6° Dans les sujets gais, légers, rapides, le dactyle ira bien mieux.

> Quadrupedante putrem sonitu quatit ungula campum. *Virg.*

Nota. — L'excès des dactyles est bien moins à craindre, pour les commençants surtout, que celui des spondées.

7° Un dactyle commence bien le vers : mais le vers sera aussi harmonieux s'il commence par un spondée suivi d'un ou de deux dactyles. Un trochée suivi d'un mot de quatre ou de cinq syllabes, fait encore un heureux effet au commencement du vers.

8° Un ablatif poétique produit un excellent effet dans le vers, surtout quand il est enfermé entre une épithète et son substantif.

> Ipse[1] seram teneras maturo tempore vites. *Tib.*
> Quantus ab æthereo personat axe fragor. *Ovid.*

---

1. Les poëtes latins aimaient à commencer un mot par la syllabe qui

9° La répétition des voyelles sonores, et en particulier du son *a* donne au vers beaucoup d'ampleur et de grâce.

> Mollia luteola pingit vaccinia caltha. *Virg.*

10° Les grands mots se placent heureusement au commencement du vers.

> Exspatiata ruunt per apertos flumina campos. *Ovid.*
> Incustoditum captat ovile lupus. *Ovid.*

11° Le sens ne doit pas se terminer toujours avec le vers : il faut avoir soin de réserver un ou plusieurs mots pour le vers suivant : c'est ce qu'on appelle un rejet[1]. Il ne faut pas de rejets après chaque vers, mais seulement de temps en temps ; et l'on aura soin de les varier pour éviter la monotonie.

Les rejets les plus ordinaires sont les rejets des mots formant soit un trochée, soit un dactyle, soit un pied et demi, soit deux pieds et demi, soit enfin trois pieds et demi.

> Rure puer verno primam de flore coronam
> Fēcĭt...   *Tib.*
> Ipsæ lacte domum referent distenta capellæ
> Ŭbĕrā...   *Virg.*
> Pan primus calamos cera conjungere plures
> Instĭtŭĭt...   *Virg.*
> Nunc et oves ultro fugiat lupus : aurea duræ
> Mālă fĕrănt quērcūs...   *Virg.*
> Non equidem invideo ; miror magis : undique totis
> Usque ădĕō tūrbātūr ăgrīs...   *Virg.*

12° La poésie aime à exprimer les noms de nombre par des circonlocutions[2].

> Bis quinos silet ille dies.
> Alter ab undecimo tum me jam ceperat annus. *Virg.*

---

finissait le mot précédent. Les exemples de cette sorte de consonnance sont très-nombreux et très-sensibles.

1. Voyez la note F, à la fin du volume, sur la raison de l'emploi des rejets.

2. Il en faut dire autant des superlatifs : on les exprime élégamment par une circonlocution : au lieu de *præstantissimus*, Virgile a dit : *ante alios præstantior omnes* ; au lieu de *justissimus, quo non justior alter...*

13° La poésie rejette les expressions trop communes, les mots qui sont d'un emploi trop fréquent et d'un sens trop vague, et elle les remplace par des mots qui frappent davantage, et qui ont la propriété de peindre les objets : ainsi elle change les verbes *esse, habere,* qui n'offrent aucune image à l'esprit, en des verbes plus expressifs.

Pour exprimer qu'un berger a mille brebis en Sicile, qu'un homme possède cent charrues, Virgile dit :

> Mille meæ Siculis errant in montibus agnæ.
> ... Terram centum vertebat aratris.

14° L'emploi des pronoms *is, hic, ille,* doit être évité dans la poésie : tolérables au commencement d'un vers, ils sont généralement prosaïques dans le cours même du vers, et plats à la fin. On les remplace avantageusement par des épithètes. Cette substitution se fait élégamment, même pour les pronoms personnels.

> Das nunquam; semper promittis, Galle, roganti. *Mart.*

Au pronom *mihi,* le poëte a élégamment substitué un participe.

15° Toutes les règles d'élégance que l'on peut formuler, doivent être subordonnées à celles du goût. De là résulte la nécessité de former l'oreille et le goût.

L'oreille se forme à l'harmonie du vers, lorsqu'on lit quelque beau passage d'un bon poëte. Apprendre de mémoire les plus beaux vers, les repasser souvent dans son esprit, les réciter fréquemment et à haute voix, s'en bien pénétrer, étudier à fond leur structure, la nature et la place des mots, des syllabes et des lettres, tel est le moyen le plus sûr et le plus prompt de se former l'oreille.

Nous en donnerons quelques exemples. Examinons d'où provient l'harmonie du vers suivant :

> Flavaque de viridi stillabant ilice mella. *Ovid.*

du rapprochement des épithètes et du contraste de leur sens; de l'ablatif poétique heureusement encadré entre l'épithète initiale et le substantif final; du choix des syllabes dans lesquelles rien de dur ni de rude ne vient choquer l'oreille : enfin de la répétition de la voyelle *i*, qui produit un son clair, doux et coulant comme l'idée qui est exprimée. On pourrait aussi louer le changement heureux de *mel* en *mella* et de *ilicibus* en *ilice* qui substitue au langage ordinaire une tournure moins commune et plus poétique.

> Errabat, vastoque ferox horrore ruebat
> Saxa lacertosus per nemorosa leo. *Sautel.*

Le premier vers frappe l'oreille par la répétition fréquente des sons *a* et *o*, et de la consonne *r :* aussi exprime-t-il bien la majesté du lion et la terreur qu'il répand : la césure trochaïque[1] ajoute à l'ampleur du vers en fondant ensemble les mots pompeux qui le composent.

Le vers pentamètre a aussi beaucoup d'ampleur et d'harmonie, comme le vers précédent par la répétition des lettres *a*, *o*, *r*, par son trochée initial suivi d'un mot de quatre syllabes, par ce petit mot *leo*, renvoyé à la fin, mais si bien préparé et rehaussé par ce qui précède, et résumant en quelque sorte les termes grandioses qui l'ont annoncé.

On peut faire avec profit des exercices de ce genre sur la fable si connue de l'âne revêtu de la peau du lion, par Lebeau[2], ou mieux encore sur les beaux vers dans lesquels Virgile dépeint les prodiges qui accompagnèrent la mort de César[3] : on y trouvera une mine féconde de richesses poétiques, et un modèle sûr de goût et d'harmonie.

16° Le goût se forme en étudiant les circonstances dans lesquelles les poëtes se sont écartés des règles ordinaires.

---

1. Tous les mots de ce vers sont si bien reliés, qu'il n'en est pas un seul qui finisse avec un pied :

Erra- | -bat, vas- | -toque fe- | -rox hor- | -rore ru- | -ebat.

C'est l'effet ordinaire de la césure trochaïque, dont nous parlerons dans l'article suivant, § 3, n° 6.

2. Voyez cette belle fable à la note H, à la fin du volume.

3. *Géorgiques*, livre 1er, vers 466 et suivants.

—Nous avons dit que la répétition des voyelles sonores donne au vers de l'harmonie : un homme de goût saura tirer parfois un merveilleux effet des voyelles sourdes et voilées. Virgile voulant imiter le bruit sourd que rend un objet creux quand on le frappe, emploie la voyelle *e*.

> Insonuere cavæ gemitumque dedere cavernæ.

— L'épithète aime à précéder son substantif : on devra mettre cependant parfois l'épithète à la fin du vers, tantôt pour éviter la monotonie, tantôt pour produire un effet. Les adjectifs de trois syllabes se trouvent assez fréquemment après leurs substantifs, et terminent le vers :

> Jam nova progenies cœlo demittitur alto. *Virg.*

l'épithète *alto* renvoyée à la fin, fait image.

> Solatia luctus
> Exigua ingentis :

les deux adjectifs, renvoyés contre l'usage au vers suivant expriment admirablement et la grandeur de la perte et l'exiguïté de la consolation.

— Nous n'avons pas rangé au nombre des rejets harmonieux, les spondées, les molosses (— — —)... Virgile a su néanmoins peindre très-bien la douleur par le rejet d'un spondée :

> Exstinctum Nymphæ crudeli funere Daphnin
> Flebant...

le même poëte retrace à nos yeux par le rejet d'un molosse l'image du géant Polyphème :

> Jacuitque per antrum
> Immensus.

Les élisions propres d'ordinaire à exprimer la peine et l'effort, peuvent se prêter sous la plume d'un bon auteur, à des peintures plus douces. Les vers suivants d'un poëte moderne expriment fidèlement les heureux effets que produit l'air des forêts de pins, aspiré par une poitrine malade :

> Nare avida haurite, et patulo bibite ore fluentem
> Agmine odorato truncis felicibus auram. *Courtois.*

— L'emploi du pronom *ille* fait un très-bon effet dans ce vers

> Hic illum vidi juvenem...

le mot *juvenem* est singulièrement agrandi par l'addition de *illum :* au contraire, dans ce vers, le pronom *isto* est le dernier terme du mépris.

> Habitet tecum et sit pectore in isto.

Cet exercice continué fréquemment, formera peu à peu le jugement et le goût, apprendra les secrets de la versification latine, et initiera à toutes les ressources du langage humain.

17° L'on ne peut arriver à une versification harmonieuse que par l'imitation des poëtes. Mais il est différentes manières d'imiter : les unes sont légitimes, les autres illégitimes.

— On peut toujours imiter les tournures, donner aux éléments de son vers les mêmes places qu'ont des éléments semblables dans les bons auteurs, reproduire les mêmes effets poétiques, les coupes du vers, les rejets.

On peut toujours transporter dans son vers les mêmes expressions qu'un auteur a employées dans des vers d'une mesure différente : c'est ainsi que les odes d'Horace peuvent être heureusement mises à contribution pour construire des vers hexamètres et pentamètres.

— Il est permis d'user des expressions d'un auteur, lorsqu'on leur donne dans le vers une place et une disposition différentes.

— Il est encore toléré d'emprunter aux auteurs quelque hémistiche isolé, dans des vers de même nature : les meilleurs auteurs de la Renaissance offrent plusieurs exemples de ces emprunts[1] : mais il ne faut pas dérober un

---

1. Nous ne parlons pas ici de ces auteurs qui ont fait profession d'appliquer soit des vers soit des hémistiches de Virgile à toutes sortes de sujets, et qui ont édité ce qu'on appelle des *centons*. Dans les autres auteurs, ce que nous prenons pour des plagiats n'est peut-être qu'une simple réminiscence assez naturelle chez des hommes nourris constamment de la lecture des grands maîtres de l'antiquité.

vers entier, à moins qu'on ne l'applique à un sujet différent, et d'une manière figurée.

ARTICLE DEUXIÈME

RÈGLES PARTICULIÈRES DE L'ÉLÉGANCE.

Nous envisagerons ces règles particulières dans la construction du vers hexamètre, dans celle du vers pentamètre, dans la césure et dans l'élision.

§ 1er. — ÉLÉGANCE DANS LA STRUCTURE DU VERS HEXAMÈTRE.

1° Nous avons dit précédemment que le vers hexamètre se compose de six pieds, dont le cinquième est un dactyle, et le sixième un spondée. On peut changer le dactyle du cinquième pied en un spondée, alors le quatrième pied est ordinairement un dactyle, et le mot final un mot de quatre syllabes[1]. Cette sorte de vers s'appelle vers spondaïque, et ne s'emploie guère que pour faire image.

> Cara Deum soboles, magnum Jovis incrementum. *Virg.*
> Ingens aerium tollit caput Apenninus. *Lebeau.*

2° Il faut éviter de finir le vers hexamètre par un mot de plus de trois syllabes, tels que *nocuerunt, constituerunt...* on n'imitera donc pas ces vers de Lucrèce:

> Propter egestatem linguæ et rerum novitatem.
> Occiderunt magnis qui gentibus imperitarunt[2].

3° Le vers hexamètre ne finit pas bien par un monosyllabe isolé, à moins que ce ne soit le verbe *est* précédé d'une

---

1. Nous disons ordinairement, parce que les exemples contraires à cette règle sont assez fréquents.

2. Il est certains mots de quatre et de cinq syllabes, par lesquels il est non-seulement permis, mais même convenable de terminer le vers : ce sont les noms propres et plusieurs mots consacrés par l'usage, tels que *hymenæi, ululatus.*

> Damonis musam dicemus et Alphesibœi.
> ..... suave rubens hyacinthus. *Virg.*

élision: deux monosyllabes équivalent à un dissyllabe, et peuvent terminer le vers : on ne dira pas avec Lucrèce :

Nec reperire potes quid sit tibi sæpe mali, quum...

mais on peut dire avec Horace :

Stultitiam patiuntur opes : tibi parvula res est.

4° Un spondée finit mieux le vers qu'un trochée; une syllabe sonore mieux qu'une voyelle sourde.

Sanguineos fundet largo de vulnere rivos.

5° Le vers hexamètre est par excellence le mètre de l'épopée: on l'emploie néanmoins dans presque tous les genres de poésie; dans la satire, l'élégie, l'épigramme, dans la poésie didactique, dans la poésie pastorale et même dans la poésie lyrique. On ne le trouve pas néanmoins dans le drame: dans les odes, il est presque toujours mélangé avec d'autres espèces de vers : son allure est trop régulière et trop grave pour exprimer la vivacité des mouvements qui se pressent dans l'esprit du poëte lyrique.

6° Les hexamètres employés dans la satire et dans l'épî-tre ne doivent pas avoir la même ampleur, la même majesté que ceux de l'épopée. La simplicité et la facilité sont leurs qualités principales : ils usent d'une grande liberté, et s'affranchissent souvent des règles ordinaires de la mesure : on les appelle des hexamètres négligés[1].

§ 2. — ÉLÉGANCE DANS LA STRUCTURE DU VERS PENTAMÈTRE.

1° Le vers pentamètre ne s'adapte pas bien aux sujets

---

1. Nous transcrivons ici ce que dit Port-Royal sur ces sortes de vers.

« Les vers hexamètres négligés sont comme ceux dont s'est servi Horace dans ses satires et dans ses lettres, que quelques-uns mésestiment par ignorance, parce qu'ils n'y trouvent pas la majesté et la cadence des héroïques, comme dans Virgile ; ne sachant pas qu'Horace les a faits ainsi à dessein pour les rendre plus semblables à des discours de prose, et que c'est une négligence étudiée, qui est accompagnée de tant de grâce et d'une si grande pureté de style, qu'elle n'est guère moins admirable en son genre que la gravité de Virgile. Cette manière simple et basse en apparence est presque au-delà de toute imitation; et ceux qui préfèrent les satires de Juvénal à celles de ce poëte témoignent avoir peu de goût du bel air d'écrire, et de ne pas discerner assez l'éloquence d'avec le style des déclamations. »

historiques, graves, majestueux, terribles; il convient surtout pour exprimer le sentiment; on s'en sert de préférence dans l'élégie et dans l'épigramme.

2° Le vers pentamètre finit bien par un monosyllabe, pourvu que ce monosyllabe soit précédé d'un autre monosyllabe, ou d'un mot dont la finale soit élidée.

> Excidit, et lævo fixa sagitta pede est. *Ovid.*

3° Le vers pentamètre est moins harmonieux quand il est terminé par un mot de trois syllabes, que par un dissyllabe: les mots de quatre et de cinq syllabes sont préférables à ceux de trois[1], mais non à ceux de deux syllabes.

4° Le mot final est rarement un adjectif ou un participe présent: les adjectifs possessifs, *meus, tuus, suus,* doivent être exceptés:

> Mansit in officiis non minus ille suis.

5° Lorsque le premier hémistiche est terminé par une épithète dont le substantif occupe la fin du vers, il est permis, il est bon même de faire rimer ensemble ce substantif et son épithète; les poëtes latins offrent de très-nombreux exemples de cette consonnance.

> Deponit flavas annua terra comas. *Tib.*

6° Dans les distiques, le vers hexamètre peut et souvent même doit avoir des rejets sur le vers pentamètre: mais le vers pentamètre ne doit jamais s'en permettre sur l'hexamètre suivant: le sens doit donc être fini après le vers pentamètre. C'est donc à tort que Catulle a dit;

> Nunquam ego te, vita frater amabilior,
> Aspiciam posthac!

7° La césure du premier hémistiche doit être franche et bien sensible; sans cela, le vers est entièrement défiguré.

---

1. Ovide est à peu près le seul des élégiaques latins qui se soit astreint à finir le distique par un dissyllabe: Catulle, Tibulle, Properce, Claudien même et Ausone terminent fréquemment les vers par un trissyllabe.

Qui pourrait reconnaître un vers pentamètre dans ce vers de Catulle?

> Troja, virum et virtutum omnium acerba cinis.

NOTA. — Ce que nous avons dit sur la césure et sur l'élision dans le vers hexamètre s'applique aussi en partie dans le vers pentamètre. Il faut observer seulement que l'élision doit être bannie du second hémistiche, si ce n'est celle qui précède le monosyllabe final, et peut-être aussi celle des enclitiques. On blâmera donc cet autre vers de Catulle :

> Quam modo qui me unum atque unicum amicum habuit.

§ 3. — ÉLÉGANCE DANS L'EMPLOI DE LA CÉSURE.

1° Un monosyllabe peut servir de césure, surtout lorsqu'il est relié par le sens au mot précédent : mais, dans ce cas, les bons auteurs ajoutent ordinairement une autre césure.

> Insere nunc, Melibæe, pyros; pone ordine vites. *Virg.*

2° Les bons auteurs donnent souvent à la césure la force d'allonger une syllabe brève.

> Ipse, ubi tempus erit, omnes in fonte lavabo. *Virg.*

Mais l'emploi de cette licence doit être évité.

3° Souvent on trouvera dans les bons auteurs des vers qui n'ont pas les césures requises. On évitera de les blâmer, et on ne les imitera pas, au moins dans les commencements.

4° Lorsqu'il y a une césure après le second pied, il faut éviter que le mot qui fait césure, rime avec celui qui termine le vers[1]. Ainsi le vers suivant offre une consonnance désagréable :

> Cæruleus Tibris, cœlo gratissimus amnis. *Virg.*

On admet cependant cette consonnance, lorsque le mot qui fait césure est l'épithète, et que le mot final est le substantif qualifié par l'épithète.

> Liber pampineas invidit collibus umbras. *Virg.*

---

1. Les vers dans lesquels on trouve cette rime s'appellent *vers léonins,* du nom d'un certain *Léonius,* religieux de Saint-Victor, à Paris, qui les mit en vogue vers le milieu du douzième siècle.

5° Lorsqu'il y a dans le vers deux césures, placées l'une après le premier, l'autre après le troisième pied, il est très-élégant de commencer le quatrième pied par la finale d'un mot qui soit un ïambe[1].

Dumque thymo pascentur *ăpēs,* dum rore cicadæ;
Semper honos, nomenque *tŭŭm,* laudesque manebunt. *Virg.*

§ 4. — ÉLÉGANCE DANS L'EMPLOI DE L'ÉLISION.

1° Il faut éviter l'élision au cinquième et au sixième pieds, à moins que le vers ne soit terminé par le verbe *est,* ainsi que nous l'avons dit plus haut. On n'imitera donc pas ce vers de Catulle :

Nam simul ac fessis dederit fors copiam Achivis.

Cependant l'élision des enclitiques est permise, ainsi que quelques autres élisions plus douces, que le goût et l'oreille ne réprouvent pas : *defossoque incubat auro....* *cerealiaque arma.... ante ora parentum.... dimittere ab armis....*

2° Il faut éviter l'élision entre deux mots que sépare un sens complet. On blâmera donc ce vers d'Horace :

Quanti emptæ? Parvo. Quanti ergo? Octussibus. Eheu!

3° Il faut s'interdire l'élision de tout monosyllabe au commencement d'un vers : dans le corps même d'un vers, l'élision des monosyllabes est toujours dure; l'usage autorise cependant l'élision du pronom *se.* On n'imitera donc pas ce vers de Catulle :

Quum interea infirmo quatientes corpora motu.

4° Il faut éviter de trop multiplier les élisions : elles rendent généralement le vers dur. Cependant les bons poëtes, et surtout Virgile, en font un assez fréquent usage sans que le vers en souffre : quelquefois même ils s'en servent pour donner de la douceur au vers.

---

1. Dans les vers construits de cette sorte, le troisième pied commence par un trochée qui finit un mot, et auquel on donne pour cette raison le nom de *césure trochaïque.* L'effet de cette césure trochaïque est de relier entre eux les mots du vers et de flatter agréablement l'oreille.

5° Les élisions les plus dures sont celles des mots terminés par un *m*, ou des mots qui ne peuvent entrer dans le vers qu'à l'aide d'une élision, comme *lĭbĕrum, fĕcĕram....*

6° Les élisions les plus douces sont celles des enclitiques, celle des mots terminés soit par un *e*, soit par la même voyelle qui commence le mot suivant.

Souvent même ces élisions sont plus douces que la rencontre de la consonne et de la voyelle. C'est ainsi que Virgile change toujours les conjonctions *nec* et *ac* en *neque* et *atque*, devant un mot qui commence par une voyelle :

... Nulla neque amnem
Libavit quadrupes, nec graminis attigit herbam. Virg.

Le goût, l'oreille et la lecture des bons auteurs guideront mieux que toutes les règles dans l'emploi de l'élision.

7° Nous avons vu que la finale d'un vers ne s'élide pas sur le vers suivant: les bons auteurs ne se sont pas toujours astreints à cette règle, et ils offrent des exemples de cette élision dans les vers appelés *hypermètres* (ὕπερ μέτρον, en plus de la mesure, c'est-à-dire, qui ont une syllabe de plus que n'en comporte la mesure) : cette syllabe surabondante s'élide sur le vers suivant.

Si non tanta quies iret frigusque caloremque
Inter... Virg.

Mais cela n'est pas à imiter.

8° Les bons auteurs se permettent aussi quelquefois d'omettre l'élision : alors la voyelle, qui devait s'élider, devient commune si elle est longue, et reste brève si elle est brève.

... Flerunt Rhŏdŏpēĭæ arces. Virg.
Addam cerea prūnă : hŏnos erit huic quoque pomo. Virg.

9° On peut tirer un merveilleux parti des élisions pour produire des effets: elles servent surtout à exprimer la difformité, la peine, l'effort: on omet l'élision dans le même but.

Monstrum horrendum, informe, ingens, cui lumen ademptum. Virg.
Ter sunt conati imponere Peliŏ Ossam. Virg.

ARTICLE TROISIÈME

DES LICENCES POÉTIQUES.

Nous avons déjà rencontré dans le cours de cette seconde partie un assez grand nombre de licences poétiques, qu'il serait inutile de répéter ici. Il est d'autres licences qu'il importe moins de connaître ; ce sont celles dont usent les poëtes comiques. Nous nous bornerons à celles dont l'emploi est autorisé par l'usage, et dont chacun a le droit de profiter.

1° Il est certaines règles de la grammaire qui n'obligent pas en poésie : telles sont les suivantes : *tempus legendi — mirabile visu — vidi eum ingredientem — eo lusum — te hortor ad legendum — suadeo tibi ut legas — timeo ne præceptor veniat — cave ne cadas — non committam ut a te discedam — dignus est ut imperet — Deus prohibet ne mentiamur — non dubito quin valeat....* Dans ces cas l'infinitif remplace heureusement les autres modes : *tempus legere — capi facilis — aptus regi — cave occursare....*

2° Les règles qui fixent l'emploi des prépositions, comme *amor a Deo, mœrore conficior* — celles des noms de mesure — de temps — d'espace — d'instruments — de cause — de manière — de partie — les questions de temps — les questions de lieu.... doivent être interprétées très-largement en poésie : on est généralement libre de supprimer ou d'exprimer la préposition.

> Nox erat, et cœlo fulgebat luna sereno. *Hor.*

Ici la préposition *in* est supprimée, contre la règle des noms de lieu.

> Qui semel est læsus fallaci piscis ab hamo. *Ovid.*

Ici la préposition est exprimée, malgré les règles *mœrore conficior* et *ferire gladio.*

> Et motat Libanus nutantes culmine cedros.
> Mirificos tenui fundit de gutture questus.

Culmine est mis pour *in culmine; de gutture,* pour *gut-ture* [1].

3° Le nominatif peut remplacer le vocatif :

Degener o populus !

4° Certains mots composés ont en poésie le privilége de pouvoir être coupés, et d'admettre un ou plusieurs mots entre chaque partie ; ce sont surtout les mots : *qui-cumque, ante-quam, septem-trio, castra-metari, circum-dare, pessum-dare, super-esse, hac-tenus, præ-venire....*

Septem subjecta trioni.

On n'imitera pas cependant ce vers de Huet :

Sic postquam admorsum est noctis cere- frigoribus -brum [2].

5° Les prépositions et les conjonctions ne sont pas as-sujetties rigoureusement à occuper dans la phrase les mê-mes places qu'elles doivent avoir en prose. Ainsi les pré-positions *per, inter, sine, contra,* peuvent être placées immédiatement après leur régime: les conjonctions *at, aut, vel, que....* peuvent être renvoyées après un ou deux mots: les autres prépositions peuvent précéder un mot lié étroi-tement à leur régime

... Et se sub pacis tradere leges.
Namque sub ingenti lustrat dum singula templo. *Virg.*

Pacis étant le régime de *leges, ingenti* l'épithète de *tem-plo,* ces mots sont précédés de la préposition, qui devait se trouver devant ses régimes *leges* et *templo.*

Les conjonctions *quum, dum, quod, ut....* n'ont pas de place déterminée : on peut les mettre partout où elles ne nuisent pas à la clarté du sens. C'est ce que l'on voit dans le vers précédent, où la conjonction *dum* est renvoyée après quatre mots.

---

1. La suppression des prépositions est d'un usage meilleur et plus habituel que leur addition.
2. Tmèse très-défectueuse pour *cerebrum,* imitée du poëte Ennius.

5.

PREMIER APPENDICE

DES DIFFÉRENTES ESPÈCES DE VERS

REMARQUES GÉNÉRALES.

1° Parmi les différentes espèces de vers, il en est qui n'admettent point de mélange avec d'autres : tels sont les vers *phaleuces*, qui s'emploient toujours seuls : d'autres peuvent indifféremment s'employer seuls, ou être mélangés avec d'autres, comme les vers *glyconiques*; d'autres enfin ne vont jamais seuls, comme les *iambiques* de quatre pieds et demi.

2° Les vers dont nous traitons ici sont souvent divisés par strophes (στρέφω, je tourne). Si la strophe ne renferme que deux vers, elle s'appelle *distique* (δὶς στίχος, deux vers) [1]; si elle en renferme trois, *tristique* (τρὶς στίχος), et *tétrastique*, si elle en renferme quatre (τετρὰς στίχος).

3° Si tous les vers de la strophe sont de même nature, elle prend le nom de *monocole* (μόνον κῶλον, un seul membre) : si les vers sont de deux espèces différentes, la strophe s'appelle *dicole* (δὶς κῶλον) : elle prend le nom de *tricole* (τρὶς κῶλον), lorsqu'elle renferme des vers de trois mesures différentes. Les mots *distique, tristique, tétrastique* se rapportent au *nombre* des vers de la strophe,

---

1. La réunion du vers hexamètre et du vers pentamètre n'est appelée *distique* qu'en vertu de ce principe : le mot *distique* par lui-même ne désigne pas plus l'union de l'hexamètre et du pentamètre que la succession du glyconique et de l'asclépiade, de l'iambique trimètre et dimètre...

Les chœurs chez les anciens marchaient sur la scène en débitant des stances lyriques. Celles qu'ils prononçaient au premier tour s'appelèrent strophes; celles qu'ils prononçaient en revenant, antistrophes (ἀντί, στρέφω). On a donné le nom de strophe par extension à certaines réunions de vers revenant à intervalles égaux.

tandis que les mots *monocole, dicole, tricole,* se rapportent aux différentes *espèces* de vers. Ainsi la strophe saphique est *tétrastique dicole ; tétrastique,* parce qu'elle renferme quatre vers ; *dicole,* parce qu'on n'y trouve que deux espèces de vers différentes, savoir trois saphiques et un adonique.

4° Les vers ïambiques, trochaïques et anapestiques sont divisés par dipodies, ou réunion de deux pieds : il faut deux pieds pour constituer un *mètre,* ou mesure, ou dipodie : ainsi un vers de quatre pieds est appelé *dimètre ;* un vers de six, *trimètre ;* de huit, *tétramètre*[1].

5° Un vers auquel il manque une syllabe pour avoir la mesure complète, est dit *catalectique* (χαταλήχτιχος, qui cesse, χατὰ-λήγειν, cesser de). Ainsi un vers trochaïque de quatre pieds, moins une syllabe, sera *dimètre catalectique.*

Trūdĭ- | -tūr dĭ- ‖ -ēs dĭ- | -ē..... ‖ *Hor.*

Si un pied entier manquait pour compléter le mètre, le vers s'appellerait *brachycatalectique* (βραχύς, court, χαταλήχτιχος). Ainsi un ïambique de trois pieds s'appellera *dimètre brachycatalectique ;* de cinq pieds, *trimètre brachycatalectique...*

6° Un vers qui a une syllabe de plus que n'en comporte la mesure, s'appelle *hypermètre* (ὑπερ μέτρον, en plus de la mesure). Ainsi un ïambique de quatre pieds plus une syllabe, s'appellera *ïambique dimètre hypermètre.*

Sī frāc- | -tŭs īl- ‖ -lābā-|-tūr ŏr- | -bĭs. *Hor.*

7° On ne trouve pas d'uniformité chez les auteurs, dans la manière de scander les différentes sortes de vers. Les

---

1. Pour qu'un pied constitue une mesure, il doit avoir la valeur de deux longues. L'iambe et le trochée, qui sont les pieds fondamentaux des vers ïambiques et trochaïques, n'ayant pas cette valeur, il a fallu deux pieds dans ces sortes de vers pour constituer une mesure. Les vers anapestiques sont divisés par dipodies, comme les ïambiques et les trochaïques : c'est à cause de cette ressemblance qu'on a donné le nom de *mètre* à la réunion de deux pieds anapestiques.

classifications et les noms mêmes sont sujets à l'arbitraire. Nous adoptons les méthodes les plus simples et de l'emploi le plus facile.

8° Nous parlerons d'abord des vers dactyliques, dont l'hexamètre et le pentamètre sont la base : des ïambiques; des anapestiques, des trochaïques, crétiques, bacchiaques, ioniques, et choriambiques; enfin du mélange de ces diverses sortes de vers[1].

ARTICLE PREMIER

Vers dactyliques.

Les vers hexamètres et pentamètres sont les plus connus et les plus beaux des vers dactyliques. Les autres sont formés d'une partie de ces vers, ou ont avec eux des rapports étroits.

§ 1er. — Vers formés d'une partie de l'hexamètre et du pentamètre.

1° Vers *adonique,* formé des deux derniers pieds de l'hexamètre : il se confond avec l'anapestique monomètre[2].

Æstŭăt | ūndă. *Hor.*

2° Vers *phérécratien,* formé des trois derniers pieds avec cette différence, que le premier pied du phérécratien peut être spondée, trochée, ou anapeste, mais mieux spondée.

Crās dō- | -nābĕrĭs | hædō. *Hor.*

---

1. Nous ajoutons à la note I, à la fin du volume, deux exercices sur les différentes sortes de vers, où on trouvera un grand nombre de celles qui vont être décrites ici.
2. Voir vers anapestiques monomètres (p. 99).

3ᵉ Vers *parémiaque*, formé des trois derniers pieds, plus la moitié du pied précédent.

> Vīs | pērcŭlīt | īnvĭdă | fātī. *Ausone.*
> Nĕc ī- | -nērtī | pērdĭtă | lūxū. *Boëce.*

4° Vers *archiloquien tétramètre*, formé des quatre derniers pieds :

> Crās īn- | -gēns ĭtĕ- | -rābĭmŭs | æquŏr. *Hor.*

ce vers peut être spondaïque :

> Mēnsō- | -rēm cŏhĭ- | -bēnt, Ār- | chȳtă. *Hor.*

5° Vers *archiloquien trimètre catalectique*[1], formé des deux premiers pieds de l'hexamètre, plus une syllabe; ou mieux encore, formé du second hémistiche du pentamètre, c'est-à-dire de deux dactyles plus une syllabe.

> Quæ rắpĭt | hōră dĭ- | -ĕm. *Hor.*

6° Vers *glyconique*, formé des trois premiers pieds de l'hexamètre, un spondée et deux dactyles.

> Sīc tē | dīvă pŏ- | -tēns Cȳprī. *Hor.*

7° Vers *dactylique tétramètre catalectique*, composé des quatre premiers pieds de l'hexamètre, moins une syllabe.

> Ūnŭs ĕ- | -nīm rē- | -rūm pătĕr | ēst. *Boëce.*

8° Vers *alcmanien*, formé des quatre premiers pieds de l'hexamètre; le dernier doit être toujours un dactyle[2] :

> Āncēps | fōrmă bŏ- | -nūm mōr- | -tālĭbŭs. *Sén.*

---

1. Ce vers s'appelle trimètre catalectique, parce qu'il a trois pieds moins une syllabe; on pourrait aussi l'appeler dimètre hypermètre, parce qu'il a deux pieds plus une syllabe. Voir plus haut, remarques générales; nᵒˢ 5 et 6.

2. Quelquefois le dactyle final se remplace par un ïambe; alors le vers prend le nom d'*alcmanien téliambique* ou *phalisque*.

Ces diverses sortes de vers se trouvent dans Horace, moins la troisième, la septième et la huitième.

Les plus importantes sont la première et la sixième; la première sera exposée dans les vers anapestiques : nous allons traiter brièvement de l'autre.

VERS GLYCONIQUES.

Quand cette sorte de vers s'emploie seule, elle prend parfois le trochée au premier pied : mais le spondée est préférable. On trouve aussi l'anapeste au premier pied.

Illĕ mărmărĭcūs lĕo
Dēntĕ crēscĭt ĕt ūnguĭbŭs. *Boĕce.*

Le plus souvent elle se mélange avec d'autres.

§ 2. — **Vers qui se rapportent à l'hexamètre et au pentamètre.**

Le vers *asclépiade* a des rapports étroits avec l'hexamètre et le pentamètre : on en distingue de trois sortes, le petit asclépiade, l'asclépiade spondaïque, le grand asclépiade.

1° Le petit asclépiade est le même que le pentamètre, moins la dernière syllabe du second hémistiche : au premier hémistiche, il prend le spondée et le dactyle, plus une syllabe longue, les deux derniers pieds sont des dactyles :

Sūblī- | -mī fĕrĭ | ām ‖ sīdĕră | vērtĭcĕ. *Hor.*

Le petit asclépiade peut être employé seul, mais il forme mieux une strophe tétrastique dicole, avec le glyconique : ou tétrastique tricole avec le phérécratien et le glyconique :

Quĭs dē- | -sīdĕrĭ- | ŏ- ‖ sĭt pŭdŏr | aūt mŏdŭs

Tām cā- | -rī căpĭ- | -tīs? || Prǣcĭpĕ | lūgŭbrēs
Cāntūs, | Mēlpŏmĕ- | -nē, || cuī lĭquĭ- | -dām Pătēr
Vōcēm | cūm cĭthă- | -rā dĕdĭt. *Hor.*

Les trois premiers vers de cette strophe sont asclépiades,
le dernier est glyconique.

Ō fōns | Bāndŭsĭ- | -æ, || splēndĭdĭ- | -ōr vĭtrō,
Dūlcī | dĭgnĕ mĕ- | -rō, || nōn sĭnĕ | flōrĭbŭs,
Crās dō- | -nābĕrĭs | hædō,
Cuī frōns | tūrgĭdă | cōrnĭbŭs. *Hor.*

Les deux premiers vers sont asclépiades; le troisième,
phérécratien; le dernier, glyconique.

On trouve encore souvent le glyconique et l'asclépiade
placés alternativement :

Nēc cēr- | -tārĕ jŭ- | -vāt mĕrō,
Nēc vīn- | -cīrĕ nŏ- | -vīs || tēmpŏră | flōrĭbŭs. *Hor.*

2° L'asclépiade spondaïque nc diffère du précédent que
par le dernier pied, qui est un spondée : il joint donc au
premier hémistiche du pentamètre les deux derniers pieds
de l'hexamètre.

Ō vōs, | æthĕrĕ- | -ī || plaūdĭtĕ | cīvēs. *Santeul.*

Cette sorte de vers ne s'allie pas avec d'autres.

3° Le grand asclépiade a de plus que le petit, un pied
et demi, placé entre le premier et le second hémisticle.

Nūllăm, | Vārĕ, să- | -crā || vītĕ prĭ- | -ūs || sĕvĕrĭs | ārbŏrĕm. *Hor.*

Cette sorte de vers ne s'allie pas avec d'autres.

Les vers asclépiades, surtout le petit, sont d'un emploi
fréquent chez les poëtes latins. Le petit correspond exacte-
men à l'alexandrin français, par la césure et le nombre des
syllabes.

Les vers dactyliques combinés avec des ïambiques ou
des trochaïques, sont encore la source de quelques autres
sortes de vers que nous verrons plus loin.

ARTICLE DEUXIÈME

Vers ïambiques.

Les vers ïambiques sont ainsi appelés, parce que l'ïambe y domine, et peut se mettre à tous les pieds. Le tableau

---

TABLEAU COMPLET DES DIFFÉRENTES SORTES DE VERS IAMBIQUES.

1° Monomètre — deux pieds — Pĕr ōm- | -nĭă ||[1].
2° Monomètre hypermètre — 2 pieds 1/2 — Rĕlĭgā- | -rĕ frōn- || -tĕm. *Sén.*
3° Dimètre brachycatalectique — 3 pieds — Ajāx | fŭrīt || dŏlēns | ... || *Ser.*
4° Dimètre catalectique — 3 pieds 1/2 — Bŏvēs | jŭgō || rĕvīn- | -xĭt... || *Sanadon.*
5° Dimètre — 4 pieds — Abī- | -bĭt īn || vēntōs | fŭrŏr. || *Commire.*
6° Dimètre hypermètre — 4 pieds 1/2 — Vērōs- | -quĕ præ- || -sāgĭt | trĭūm- || -phōs. *Wallius.*
7° Trimètre brachycatalectique — 5 pieds — Līmāns | făcē- || -tă sīc | pŏē- || -mătă | ... || *Sid. Ap.*
8° Trimètre catalectique — 5 pieds 1/2 — Trăhūnt- | -quĕ sīc- || -cās mā- | -chĭnǣ || cărī- | -nās... ||
9° Trimètre — 6 pieds — Illŭm | sŭbāc- || -tō tră- | -xĭt ā || Nīlō | Dĕŭs. || *Lowth.*   [*Hor.*
10° Trimètre scazon — 6 pieds, spondée final — O dīc- | -tă vē- || -rē Rō- | -mă nūnc || căpŭt |
          [mūndī. || *Commire.*
11° Trimètre hypermètre, dit saturnien — 6 pieds 1/2 — Sūmmās | ŏpēs || quī rē- || -gŭm rē- | gĭās |
          [rĕfrē- || gĭt. *Nævius.*
12° Tétramètre catalectique — 7 pieds 1/2 — Quĭd īm- | -mĕrēn- || -tĭbūs | nŏcēs, || quĭd īn- | -vĭdēs ||
          [ămī- | -cīs... || *Tér.*
13° Tétramètre — 8 pieds — At, āt | dăta hēr- || -clē vēr- | -bă mĭhĭ || sūnt : vī- | -cĭt vī- || nūm quōd |
          [bĭbī. || *Tér.*

1. N'oubliez pas que dans les vers ïambiques, il faut deux pieds pour faire un seul mètre ou mesure.

RÈGLES GÉNÉRALES POUR LA FORMATION DES VERS IAMBIQUES.

1° Le dernier pied est toujours un ïambe, excepté dans les scazons.
2° Les pieds impairs peuvent être ïambes, spondées, dactyles ou anapestes, spondées de préférence.
3° Les pieds pairs sont ïambes, et quelquefois tribraques.
4° Les trimètres des fabulistes et les tétramètres des comiques usent d'une plus grande liberté; ils n'exigent l'ïambe qu'au dernier pied; partout ailleurs ils prennent indifféremment ïambes, spondées, dactyles, tribraques ou anapestes.
5° Le trochée est toujours exclu du vers ïambique.
6° Aucune place n'est fixée pour la césure; on doit seulement varier la coupe des mots et les diverses sortes de pieds. Cependant le saturnien (n° 11) veut toujours une césure après le troisième pied.

suivant donnera l'ensemble des différents vers ïambiques ; nous traiterons ensuite des vers qui se rapportent aux ïambiques.

§ 1er. — **Vers ïambiques.**

Les ïambiques dimètres catalectiques, les dimètres et les trimètres, sont les seuls dont nous aurons à nous occuper[1].

ÏAMBIQUE DIMÈTRE CATALECTIQUE.

Ce vers est surnommé *anacréontique,* du nom du poëte Anacréon, qui en a fait un fréquent usage : il s'emploie particulièrement dans des sujets simples et gracieux.

Le premier pied est un ïambe, un spondée ou un anapeste, le second et le troisième sont des ïambes suivis d'une finale longue ou brève.

> Amā- | -bĭlīs | cŏlūm- | -bă,
> Unde, ūn- | -dĕ pēr- | -gĭs, aūt | quō ? *Estienne.*
> Fūgĭt ōm- | -nĕ quōd | tĕnē- | -mŭs. *Saint Prosper.*

ÏAMBIQUE DIMÈTRE.

Ce vers est composé de quatre pieds, dont les pieds impairs sont spondées, les pieds pairs, ïambes. Il admet cependant les substitutions indiquées dans le tableau suivant[2] :

⏑ — ⏑ ‧	⏑ ⏑ —	— — —	⏑ —
⏑ ⏑ ⏑ —	⏑ ⏑ —	⏑ ⏑ —	
⏑ ⏑ — —	⏑ ⏑ —	⏑ ⏑ —	

Il est très-usité chez les poëtes chrétiens. On l'emploie

---

1. Horace a employé, dans ses odes, les ïambiques suivants — dimètres — dimètres hypermètres — trimètres catalectiques — trimètres.

2. Ces substitutions ne sont pas les seules qu'on trouve chez les poëtes ; ainsi Ausone emploie quelquefois le spondée et l'anapeste au second pied, le dactyle au troisième ; les poëtes chrétiens en font autant. Mais ces substitutions, rares d'ailleurs, doivent être considérées comme des licences qu'il ne faut pas imiter.

seul, ou on le joint à d'autres espèces de vers, en strophes distiques dicoles. On en fait aussi des strophes tétrastiques monocoles, comme dans plusieurs hymmes de l'Église.

Parentis olim si quis impia manu
Sĕnī- | -lĕ gŭt- | -tŭr frē- | -gĕrĭt. *Hor.*

Ici l'ïambique dimètre est précédé du trimètre.

ÏAMBIQUE TRIMÈTRE.

Après les vers hexamètres et pentamètres, les ïambiques trimètres sont ceux dont les poëtes latins ont fait le plus souvent usage.

Ils s'emploient fréquemment dans la poésie lyrique, et sont à peu près les seuls usités dans la fable et dans la tragédie[1].

1° *Iambiques trimètres lyriques.* — On trouve certaines pièces en ïambes purs, c'est-à-dire sans mélange d'aucun autre pied. Ordinairement, le spondée remplace l'ïambe aux pieds impairs : cependant chacun de ces pieds peut être remplacé par ceux qu'indique le tableau suivant[2].

— —	⏑ ⏑	— —	⏑ ⏑	— —	⏑ —
⏑ —	⏑ ⏑ ⏑	⏑ — ⏑	⏑ — ⏑	⏑ —	
⏑ ⏑ —		⏑ ⏑ ⏑	⏑ ⏑ ⏑		
⏑ —		⏑ —		⏑ ⏑ —	
⏑ ⏑					
⏑ ⏑					

Il est certains trimètres assez usités qui changent en

---

1. Nous ne parlons pas des chœurs, qui appartiennent à la poésie lyrique plutôt qu'au drame, et où l'on trouve un grand nombre d'espèces de vers différentes.

2. Ausone, Prudence, Pontius Paulinus, saint Paulin de Nole et autres poëtes chrétiens prennent la licence d'ajouter à ces substitutions le spondée, le dactyle et l'anapeste au second et au quatrième pied, l'anapeste au troisième et au cinquième, le dactyle au cinquième; mais ces licences sont rares et ne doivent pas être imitées.

spondée l'ïambe final : on les appelle des Scazons : le cinquième pied doit être un ïambe :

Pŭlchrē | vălēt | Chărī- | -nŭṣ, ēt | tămēn | pāllĕt. *Mart.*

1° *Iambiques trimètres tragiques.* — Ils ont à peu près les mêmes pieds que les précédents; mais ils ne veulent pas de césures au cinquième ni au sixième pied : ils ne peuvent donc finir que par un dissyllabe, ou un trissyllabe précédé d'une élision.

Dans ces vers, et dans ceux qui précèdent, il faut éviter de mettre plusieurs fois de suite les mêmes pieds, à moins qu'ils ne soient ïambes.

3° *Iambiques trimètres dans la fable.* — Les fabulistes admettent invariablement l'ïambe au dernier pied : mais ils font tous les autres pieds indistinctement ïambes, spondées, tribraques, dactyles ou anapestes, sans s'assujettir à aucune règle fixe pour la mesure.

§ 2. — Vers qui se rapportent à l'ïambique.

Les principaux vers qui se rattachent aux ïambiques, sont l'*alcaïque*, l'*ïambélégiaque*, l'*élégïambique*, le *galliambique*. Dans les trois premières sortes de vers, l'élément dactylique est uni à l'élément ïambique.

VERS ALCAÏQUES.

Ces vers sont composés d'un spondée ou d'un ïambe, mais mieux d'un spondée, au premier pied; d'un ïambe au second, suivi d'une finale longue qui fait césure : les deux derniers pieds sont des dactyles.

Jūdēx | hŏnēs- | -tūm || prætŭlīt | ūtĭlī. *Hor.*

Les alcaïques se trouvent dans des strophes tétrastiques tricoles, dont les deux premiers vers sont des alcaïques, le troisième est un ïambique dimètre hypermètre, et le dernier un dactylico-trochaïque, composé de deux dactyles et de deux trochées.

Jūdēx | hŏnēs- | -tūm || prætŭlĭt ! ūtĭlĭ :
Rējē- | -cĭt āl- | -tō || dōnă nŏ- | -cēntĭŭm
Vūltu, ēt | pĕr ōb- | -stāntēs | cătĕr- | -văs
Explĭcŭ- | -īt sŭă | vĭctŏr | ārmă. *Hor.*

Cette strophe est, avec la strophe saphique, la plus belle que les anciens aient connue.

VERS ÏAMBÉLÉGIAQUES.

Ces vers sont composés d'un ïambique dimètre joint au second hémistiche du pentamètre.

Tū vī- | -nă Tōr- | -quātō | mŏvē || cōnsŭlĕ | prēssă mŏ- | -ō. *Hor.*

VERS ÉLÉGÏAMBIQUES.

Ces vers sont l'opposé des précédents : ils sont composés du dernier hémistiche du pentamètre, joint à l'ïambique dimètre.

Jūssŭs ăb- | -īrĕ dŏ- | -mūm, || fĕrē- | -băr īn- | -cērtō | pĕdĕ. *Hor.*

La distinction entre les deux éléments de ce vers est telle, qu'il n'y a pas d'élision de la voyelle qui finit le premier, sur celle qui commence le second.

Vincĕrĕ | mōllĭtĭ- | -ā : || ămōr | Lўcīs- | -cī mē | tĕnĕt. *Hor.*

Cette remarque s'applique aussi aux vers ïambélégiaques précédents.

VERS GALLÏAMBIQUES[1].

Les vers gallïambiques sont partagés en deux hémistiches : le premier est composé de l'anacréontique, avec

---

1. Les galles (c'était le nom des prêtres de Cybèle) usaient souvent de ce pied dans leurs hymnes en l'honneur de la déesse.

l'anapeste au premier pied : le second renferme un anapeste, un tribraque et un ïambe :

Ăbĭt ·ĭu | quĭē- | -tē mōl- | -lī || răbĭdūs | fŭrŏr ă- | -nĭmī. *Catulle.*

ARTICLE TROISIÈME

Des vers anapestiques.

On trouve des vers anapestiques de toutes les mesures
depuis le monomètre jusqu'au tétramètre. Le pied fondamental est l'*anapeste*, mais il peut être remplacé par le
spondée et le dactyle. Dans cette sorte de vers, il faut,
comme nous l'avons dit, deux pieds pour faire un mètre.

Les anapestiques les plus usités sont le *monomètre,* et le
dimètre.

ANAPESTIQUES MONOMÈTRES.

Les anapestiques monomètres sont composés de deux
pieds dont le premier est indifféremment anapeste, dactyle
ou spondée, le second, spondée ou anapeste, rarement
dactyle.

Cĕcĭdĭt pūlchrē
Cōrdātŭs hŏmō,
Quō nōn ălĭŭs
Fŭĭt ĭn tōtō
Fōrtĭŏr ōrbē. *Sén.*

Le vers *adonique,* dont nous avons parlé (page 90),
n'est pas autre chose qu'un anapestique, qui s'emploie seul
quelquefois. Tous les anapestiques monomètres sont reliés
entre eux ; la finale brève d'un vers s'allonge sur le vers
suivant, excepté à la fin des phrases : il ne faudrait pas non
plus, quand le vers finit par une voyelle, commencer le vers
suivant par une autre voyelle : l'harmonie de l'anapestique
est sévère, et proscrit les élisions. La répétition du dactyle
dans un même vers est à éviter : mais on trouve assez souvent deux spondées ou deux anapestes de suite.

ANAPESTIQUES DIMÈTRES.

Les anapestiques dimètres ne sont pas autre chose que deux monomètres unis dans un seul vers : les règles sont les mêmes que celles des monomètres.

Assŭēs- | -cĕ mănūs || strīngĕrĕ | fērrūm ;
Cārōs- | -quĕ pătī || pōssĕ crŭ- | -ōrēs. *Sén.*

Les anapestiques dimètres sont beaucoup plus fréquents que les monomètres.

ARTICLE QUATRIÈME

Des vers trochaïques.

Nous traiterons d'abord des vers trochaïques, puis des diverses sortes de vers qui en découlent.

§ 1er. — Vers trochaïques.

Les vers trochaïques sont d'un emploi moins fréquent que les ïambiques : leurs règles sont moins fixes : la plupart sont des vers libres ; les vers désignés par les numéros cinq, six et douze du tableau suivant, admettent le spondée aux pieds pairs, et gardent le trochée aux pieds impairs. Tous les pieds peuvent cependant être des trochées.

De ces diverses sortes de vers, le tétramètre catalectique est le seul qui ait quelque importance. On le trouve assez souvent coupé en deux, et formant alternativement un dimètre et un dimètre catalectique.

Eccĕ | sēdēs || hīc tŏ- | -nāntĭs, ||
Eccĕ | cœlī || jānŭ- | -ă..... *Santeul.*

§ 2. — Vers dérivés du trochaïque.

Les vers trochaïques sont par eux-mêmes peu usités, mais ils produisent des espèces de vers très-belles dont les principales sont le saphique, le phaleuce, le dactylico-tro-

TABLEAU COMPLET DES VERS TROCHAIQUES.

1° Monomètre catalectique — 1 pied 1/2 — Occĭ- | -dī... || *Tér.*
2° Monomètre (rare) — 2 pieds — Vĕrĭ- | -tātĕ. || *Saint Aug.*
3° Monomètre hypermètre — 2 pieds 1/2 — Aŭctŏr | ōptĭ- | -mŭs. *Servius.*
4° Dimètre brachycatalectique — 3 pieds — Băcchĕ, | jŭngĕ || tīgrēs | ... || Ce vers prend le nom d'*ithyphallique.* — Avec le dactyle au premier pied, ce vers s'appelle *aristophanien* — Lўdĭă, | dīc [pĕr || ōmnēs | ... || *Hor.*
5° Dimètre catalectique — 3 pieds 1/2 — Trūdĭ- | -tūr dĭ- || -ēs dĭ- | -ē... || *Hor.*
6° Dimètre — 4 pieds — Quōs vĭ- | -dēs sĕ- || -dĕrĕ | cēlsō. || *Boêce.*
7° Dimètre hypermètre — 4 pieds 1/2 — Nūllŭs | hūnc tĕr- || -rōr, nĕc | īmpŏ- || -tēns... *Sén.*
8° Trimètre brachycatalectique — 5 pieds — Frēgĭt | īnsūl- || -tāns, dū- | -xĭtque ăd || ōrtūs | ... || [*Hor.*
9° Trimètre catalectique — 5 pieds 1/2 — Lūcĭ- | -dūm cœ- | -lī dĕcŭs, | hūc ăd- || ēs vō- | -tīs... [*Sén.*
10° Trimètre — 6 pieds (très-rare) — Arvă | sīccă || Nīlŭs | īntrăt : || ītĕ | lætī. || *Servius.*
11° Trimètre hypermètre — 6 pieds 1/2 — Vīdĭ- | -mŭs pătrĭ- || -ăm rŭ- | -ēntēm || nōctĕ | fūnēs- | [-tā. *Sén.*
12° Tétramètre catalectique — 7 pieds 1/2 — Mēmbră | pānnīs || īnvŏ- | -lūtă || vīrgŏ | mātĕr || [ăllĭ- | -găt... || *Fortunat*1.
13° Tétramètre — 8 pieds — Vērbă | dūm sīnt : || vērŭm | si ăd rēm || cōnfĕ- | -rēntŭr, || văpŭ- | [lābĭt. || *Tér.* 2.

1. D'après Sidoine Apollinaire (*Epitres*, livre IV, lettre 3e), on doit à Claudius Mamert l'hymne d'où ce vers est tiré.
2. Les vers trochaïques qu'on trouve dans Horace sont ceux qui forment les numéros 4 et 5 du tableau.

chaïque, le grand archiloquien, le grand alcaïque et le pria-péen : l'élément dactylique y est uni à l'élément trochaïque.

VERS SAPHIQUES.

Les vers saphiques se composent de cinq pieds, dont le

premier, le quatrième et le cinquième sont des trochées, le second est un spondée, et le troisième un dactyle. Il faut une césure après le second pied.

Le vers saphique donne son nom à la strophe saphique, qui est tétrastique dicole. Les trois premiers vers sont des saphiques, le quatrième, un adonique.

    Pīndă- | -rūm quīs- | -quīs stŭdĕt | æmŭ- | -lārī,
    Iūlĕ, | cērā- | -tīs ŏpĕ | dædă- | -læā
    Nīlĭ- | -tūr pēn- | -nīs, vĭtrĕ- | -ō dă- | -tūrŭs
        Nōmĭnă | pōntō. *Hor.*

VERS PHALEUCE.

Le vers phaleuce est composé de cinq pieds, dont le premier est un spondée ou un trochée, et quelquefois même un ïambe ; le second est un dactyle, et les trois autres des trochées.

    Nūnquām | dīvĭtĭ- | -ās dĕ- | -ōs rŏ- | gāvī. *Hor.*
    Istōs | cōmpŏsŭ- | -ĭt Phă- | -læcŭs | ōlĭm. *Aus.*

Une césure au troisième pied est désirable, mais sans être indispensable.

VERS DACTYLICO-TROCHAÏQUE.

Le vers dactylico-trochaïque renferme deux dactyles et deux trochées : on le trouve rarement seul : il fait ordinairement le quatrième vers de la strophe alcaïque.

    Intĕrĭ- | -ōrĕ dŏ- | -mūs rĕ- | -cēssū. *Com.*

GRAND ARCHILOQUIEN.

Ce vers est composé du vers alcmanien, suivi d'un trochaïque dimètre brachycatalectique, ou de trois pieds.

    Sōlvĭtŭr | ācrĭs hĭ- | -ēms grā- | -tā vĭcĕ ‖ vērĭs | ēt Fă- | -vōnī. *Hor.*

Un même mot ne peut être coupé de manière qu'une de ses parties finisse l'alcmanien, et que l'autre commence le

trochaïque : il faut donc que le mot finisse avec l'alcmanien,
et que le trochaïque commence avec un autre mot.

On n'imitera donc pas ce vers de Prudence :

Omnicolor vitreas pictura su- || -perne tingit undas.

GRAND ALCAÏQUE.

Ce vers est composé de six pieds, dont les trois premiers
sont séparés des derniers par une syllabe longue qui fait
césure. Le premier pied, le cinquième et le sixième sont des
trochées, le troisième et le quatrième sont des dactyles, le
second est un spondée.

Sæpĕ | trāns fī- | -nĕm jăcŭ- | -lō ‖ nōbĭlĭs | ēxpĕ- | -dītō. *Hor.*

VERS PRIAPÉEN.

Ce vers est, comme le précédent, composé de six pieds,
dont les trois premiers sont séparés des derniers par une
syllabe longue qui fait césure. Le premier pied est un trochée ou un spondée, le troisième, le quatrième et le sixième
sont des trochées ; le second et le cinquième sont des dactyles.

Hūnc ĕ- | -gō, jŭvĕ- | -nēs, lŏ- | -cūm ‖ vīllŭ- | -lāmquĕ pă- | -lūstrĕm.
Cat.

ARTICLE CINQUIÈME

Vers crétiques.

Les vers crétiques, ainsi nommés parce que les Curètes,
prêtres de Jupiter, l'employaient de préférence dans leurs
chants, ont pour base le pied appelé crétique ($-\cup-$) :
mais ils peuvent remplacer une des deux longues par deux
brèves, et la brève par une longue. Les pieds dont ces
vers sont composés sont donc de quatre sortes : le crétique, pied fondamental ($-\cup-$), le molosse ($---$), le
péon premier ($-\cup\cup\cup$), le péon quatrième ($\cup\cup\cup-$). Les

comiques latins, Plaute surtout, ont usé assez souvent de ce vers.

Il y a le crétique *dimètre,* qui est fort peu usité, le *crétique tétramètre,* et le *crétique tétramètre catalectique* qui reparaît souvent dans les poëtes comiques.

CRÉTIQUE TÉTRAMÈTRE.

Fēcĕrīs | pār tŭīs | fāctīs īd | cætĕrĭs,
Pārquĕ pĭc- | -tātĭ, tuŭm[1] | sī pătrēm | pērcŏlēs... *Plaute.*

CRÉTIQUE TÉTRAMÈTRE CATALECTIQUE.

Lāssĭtū- | -dō, fămēs, | frīgūs dū- | -rŭm... *Plaute.*
Meō[1] mŏdo ēt | mōrĭbūs | vīvĭto ān- | -tīquīs. *Plaute.*

Dans cette sorte de vers, le dernier pied est abrégé d'une ou de deux syllabes.

ARTICLE SIXIÈME

Vers bacchiaques.

Le vers bacchiaque se trouve souvent chez les comiques latins : il est toujours ou tétramètre simple, ou tétramètre téliambique. Le pied fondamental de ces vers est le bacchius (∪ – –), mais on peut substituer une longue à la brève, et deux brèves à l'une des deux longues :

BACCHIAQUE TÉTRAMÈTRE.

Patĕr[2], ādsum : īm- | -pĕrā quīd- | -vīs, nĕque ĕrīt | mŏra īn mē;
Nēc lătĕbrō- | -sē me ābs tuō | cōnspēctu ōc- | -cūltābō. *Plaute.*

---

1. Les poëtes comiques, entre autres licences, unissent souvent par synérèse deux voyelles dans une seule syllabe.

2. La première syllabe, par une licence particulière aux comiques, disparaît dans la vitesse de la prononciation. Il ne faut pas oublier que le style des comiques se rapproche beaucoup de la prose mesurée. La langue française admet les mêmes licences dans les chants comiques.

BACCHIAQUE TÉTRAMÈTRE TÉLÏAMBIQUE.

Dans ce vers, le dernier pied est remplacé par un ïambe : de là son nom de télïambique :

Pōtiŏra[1] ēs- | -sĕ, cuī cŏr | mŏdēstē | sĭtum ēst. *Plaute.*

ARTICLE SEPTIÈME

Vers ioniques.

On appelle ainsi les vers dont le pied principal est l'ionique. Il y a deux sortes d'ioniques ; le majeur, composé de deux longues et de deux brèves, *prǣdīcĕrĕ;* et le mineur, composé de deux brèves et de deux longues, *rĕsŏnābānt.* Il y a aussi deux sortes de vers ioniques, le majeur et le mineur.

§ 1er. — Ioniques majeurs.

Les ioniques majeurs sont peu usités : il ne nous en est parvenu que peu d'exemples. On en distingue trois sortes principales : le *tétramètre catalectique,* dit *sotadéen,* le *tétramètre pur,* le *pentamètre,* dit aussi *sotadéen.*
Voici des exemples de chaque sorte :

IONIQUE MAJEUR SOTADÉEN TÉTRAMÈTRE CATALECTIQUE.

Sālpīnx cănĕ, | tēmpūs fŭgĭt, | īntēndĕ lă- | -bōrĕm. *Servius.*

IONIQUE MAJEUR TÉTRAMÈTRE PUR.

Ūvās nĭtĭ- | -dīs frōndĭbŭs | Ēvān hĕdĕ- | -rīs īllĭgăt

IONIQUE MAJEUR SOTADÉEN PENTAMÈTRE.

L'ionique majeur pentamètre se compose de deux ioniques majeurs auxquels on ajoute trois trochées.

Ītĕrum ēccĕ fĕ- | -fēllī, nĕquĕ | dēprĕ- | -hēndĭs | ārtĕm. *Erasme.*

---

1. Scandez comme s'il y avait *pōtjōra :* c'est l'*i* changé en *j,* d'après un usage que Virgile a suivi lui-même plus d'une fois.

Tous les ioniques majeurs admettent certaines substitutions de pieds, par le changement des longues en brèves ; mais ils préfèrent conserver le pied dans toute sa pureté.

§ 2. — Ioniques mineurs.

Les vers ioniques mineurs ne sont composés que de pieds du même nom : quand les vers sont de deux pieds ils s'appellent ioniques mineurs dimètres ; de trois pieds, trimètres ; de quatre pieds, tétramètres.

DIMÈTRE.

Sŏlĭi cūl- | -mĭnĕ rēgēs[1]. *Boèce*

TRIMÈTRE.

Tĭbĭ, prīncēps, | ŏpŭlēntī | lĭquŏr Hērm
Grăvĕ nōmēn | flŭvĭālī | lĭnĕt aŭrō...

TÉTRAMÈTRE.

Tĭbĭ cārmēn | prĕtĭōsā | pĕrărābĭt | Tăgŭs ūrnā. *Sarbiewski.*

Horace s'est servi une fois de ce vers.

ARTICLE HUITIÈME

Vers choriambiques.

Le vers choriambique a pour pied fondamental le choriambe ($-\smile\smile-$) : l'élément choriambique se retrouve dans plusieurs des espèces de vers qui précèdent, par exemple, dans l'aristophanien, le saphique, le dactylico-trochaïque, le glyconique, le phérécratien..... Mais il ne

---

1. Remarquez que ce vers peut se confondre avec le phérécratien, qui commence par un anapeste : *sŏlĭī | cūlmĭnĕ | rēgēs.*

produit guère par lui-même que le dimètre hypermètre et le tétramètre catalectique.

> Fērtĕ făcēs, | ūrĭtĕ thū- | -ră. *Commire.*
> Vīvĕ mĕmōr | mōrtĭs, ŭtī | sīs mĕmŏr ĕt | sălūtĭs.

ARTICLE NEUVIÈME

Mélanges des diverses sortes de vers

Nous verrons les mélanges des diverses sortes de vers dans les strophes distiques et tétrastiques[1].

I.— DIVERSES SORTES DE DISTIQUES DANS LES VERS DACTYLIQUES.

1° + Hexamètres et pentamètres.
2° + Hexamètres et archiloquiens tétramètres.
3°   Hexamètres et alcmaniens.
4° + Hexamètres et archiloquiens dimètres hypermètres.
5° + Glyconiques et petits asclépiades.

II. — DIVERSES SORTES DE DISTIQUES DANS LES VERS IAMBIQUES, ET DANS LEUR MÉLANGE AVEC LES DACTYLIQUES.

1° + Iambiques trimètres et dimètres.
2° + Hexamètres et ïambiques trimètres.
3° + Hexamètres et ïambiques dimètres.
4° + Hexamètres et ïambélégiaques.
5° + Iambiques trimètres et élégïambiques.

III.— DIVERSES SORTES DE DISTIQUES DANS LES VERS TROCHAIQUES ET DANS LEURS COMBINAISONS.

1°   Trochaïques dimètres, et trochaïques dimètres catalectiques.
2° + Trochaïques aristophaniens, et grands alcaïques.

---

1. Nous indiquerons par une croix les mélanges de vers dont Horace s'est servi.

3º + Grands archiloquiens et ïambiques trimètres catalectiques.

4º + Trochaïques dimètres catalectiques, et ïambiques trimètres catalectiques.

IV. — TÉTRASTIQUES DICOLES.

1º + Trois asclépiades et un glyconique.

2º + Trois saphiques et un adonique.

V. — TÉTRASTIQUES TRICOLES.

1º + Deux asclépiades, un phérécratien, un glyconique.

2º + Deux alcaïques, un ïambique dimètre hypermètre, un dactylico-trochaïque.

SECOND APPENDICE

DE LA PRONONCIATION DU LATIN

La prononciation du latin est basée sur l'accent tonique, dont nous exposerons les règles, avec les remarques qui les complètent.

En latin, il est certaines syllabes sur lesquelles la voix doit s'élever : ces syllabes se marquent par un signe semblable à notre accent aigu.

RÈGLES GÉNÉRALES

Il faut élever la voix :

1º Sur tous les monosyllabes : *páx, vóx, mél, dát*...

2º Sur la pénultième de tous les dissyllabes : *déus, frátres*...

3° Sur la pénultième des polysyllabes, quand elle est longue : *amábant, legísset, doctrínæ.*

4° Sur l'antépénultième des polysyllabes, quand la pénultième est brève : *légĕrat, dómĭnus, fructifĕra...*

REMARQUES

1. — SYLLABES COMMUNES.

Dans la lecture des vers, on doit prononcer les syllabes communes selon la quantité que leur a donnée le poëte. Ainsi dans ce vers :

Et primo similis vólucri, nunc vera volúcris,

la syllabe commune *lu* doit être considérée comme brève dans *vólucri,* et comme longue dans *volúcris.*

Dans la prose, les syllabes communes ont une quantité déterminée. Les voyelles suivies d'une muette et d'une liquide doivent être considérées comme brèves, ainsi que la pénultième des finales en *rimus, ritis :* on prononce donc *ténebræ,* et non *tenébræ, cáthedra,* et non *cathédra ; fecérimus* et non *fecerímus...* Dans la plupart des autres cas, les syllabes communes doivent être regardées comme longues : *ipsíus,* et non *ipsius, María,* et non *Mária...*

2. — MOTS INVARIABLES.

Parmi les mots invariables, il en est qui sont unis dans la prononciation avec d'autres mots. Ceux qui s'unissent avec le mot précédent s'appellent enclitiques (ἐν κλίνειν, coucher sur) : arma*que,* deus*ve,* hic*ce,* tu*met,* vobis*cum...* Ceux qui s'unissent avec le mot suivant s'appellent proclitiques (πρό κλίνειν, coucher avant) : *in* urbe, *per* arma, *extra* muros...

1° Tous les mots invariables qui ne sont ni enclitiques,

ni proclitiques suivent les règles ordinaires de la prononciation : *Quándo* (interrogatif), *cérte, sáne*...

2° L'enclitique ne reçoit pas l'accent : mais elle l'attire toujours sur la finale du mot qui précède : *terráque, vidistísne, amátve*...

Nota. Doivent être considérés comme enclitiques les mots *que, ce, ve, ne*, les particules *dem, dum, met, nam, pse, pte, ve* et la préposition *cum*, placée après un pronom autre que le relatif[1] : *Legítque, hícce, domínóve, pluítne, ibídem, agédum, témet, ubínam, redpse, tuópte, túte, sécum.*

3° Les proclitiques ne prennent pas d'accent ; mais ils s'unissent dans la prononciation avec le mot suivant : *in hóstes, inter ílla, sub rúpe*...

Nota. Doivent être considérées comme proclitiques toutes les prépositions proprement dites et les adverbes-prépositions, quand ces mots sont placés immédiatement avant leur régime : *supra ménsam, ex íllis, inter fidéles amícos, circa múros, ab óvo, ob nóxam*... Mais si ces mots n'ont pas un régime ou sont placés après lui, ils suivent les règles générales de la prononciation ; ainsi on dira : *té síne, lóngo témpore póst*. Les conjonctions sont censées proclitiques, lorsqu'elles sont le premier mot du membre de phrase qu'elles servent à lier : *énses et vúlnera ; gaúdeo quod tíbi profúerim*... mais placées ailleurs, les conjonctions suivent les règles générales : *tú quóque, égo véro*...

La prononciation des interjections est tout à fait incertaine : on peut s'en tenir aux règles générales.

3. — MOTS COMPOSÉS.

Les mots composés, quoique soumis aux règles générales, souffrent néanmoins un certain nombre d'exceptions. Voici les deux plus importantes ; l'usage apprendra les autres.

1° Les composés de *inde* prennent l'accent sur l'antépénultième : *éxinde, périnde, próinde*...

2° Les composés de *facio*, où la lettre *a* se conserve,

---

1. Placée après le pronom relatif *qui, quæ, quod*, la préposition *cum* prend elle-même l'accent aigu : *quicúm, quibuscúm.*

prennent toujours l'accent sur cet *a* au présent de l'indicatif : *arefácis, calefácit...* et non *aréfacis, caléfacit...* Partout ailleurs *facio* et ses composés suivent les règles générales : *éfficit, calefaciébant, súfficis...*

4° MOTS SYNCOPÉS OU CONTRACTÉS.

La plupart des mots syncopés ou contractés conservent, après la syncope ou la contraction, l'accent qu'ils auraient eu auparavant : *addúc (addúce)* ; *fili (filie)* ; *Virgíli (Virgílie)* ; *audii (audívi)* ; *vidén (vidésne)* ; *tugúri (tugúrii)* ; *audít (audívit, audíit)...*

5. — MOTS ÉTRANGERS.

Il règne une grande incertitude sur la prononciation de la plupart de ces mots. Nous nous contenterons de remarquer, après Port-Royal, que les mots grecs terminés en *ia* gardent en latin l'accent aigu sur l'*i*. L'usage d'ailleurs confirme cette remarque : ὁμιλία, *homilia* ; ἁρμονία, *harmonia* ; θεολογία, *theologia* ; φιλοσοφία, *philosophia*.

NOTES

—

Note A.

CRÉMENTS DANS LES VERBES IRRÉGULIERS

Parmi les verbes irréguliers, il en est qui empruntent quelques-uns de leurs temps à différents primitifs : ainsi le verbe *sum* tire ses temps passés de l'inusité *fuo*; le verbe *fero* emprunte à l'ancienne forme du verbe *tollo* les temps passés *tuli, tulero....*, et à l'inusité *tlao* ou *lao*, le supin et les temps qui en sont formés, *latum, laturus....* Dans ces verbes, il faut, pour connaître les créments, avoir recours à la seconde personne du primitif de la forme dont on s'occupe. Par exemple, dans *fuerunt* il y a un crément, parce qu'on trouve une syllabe de plus que dans *fuis*, de *fuo*; il n'y a pas de crément dans *fore, forem* (autres formes altérées du mot primitif *fuo*), parce qu'on y trouve le même nombre de syllabes que dans *fuis*. De même dans *tulero*, il n'y a qu'un crément, parce que ce mot a trois syllabes, et que *tollis*, son primitif, n'en a que deux.

D'autres verbes irréguliers subissent une modification à la seconde personne du singulier de l'indicatif présent actif, comme *vis* de *volo, fers* de *fero*, pour *volis, feris*. Pour connaître les créments dans ces verbes, il faut suivre la règle générale, en comparant aux secondes personnes ainsi modifiées, les temps qui éprouvent la même modification, et aux formes primitives de ces mêmes personnes, les temps qui ne souffrent pas d'altération. Ainsi, dans le verbe *fero*, les temps *ferre* (*ferere*), *ferrem* (*fererem*), ont un crément, à cause de leur analogie avec *fers* (*feris*); l'imparfait *ferebam* n'en a qu'un aussi, et le futur *feram* n'en a pas, à cause de leur analogie avec *feris*, la forme primitive. — De même dans *edo* (manger), les formes syncopées *esse, essem*, doivent être comparées à *es*, forme syncopée aussi; tandis que *edebam*, forme non syncopée, sera comparé à la forme non syncopée *edis*. — Dans *volo*, les formes *vult, vultis, velle*, seront comparées à *vis*; et les formes *volumus, volebam*, le seront à *volis*. — Et ainsi pour les autres verbes irréguliers de la même sorte.

Note B.

REMARQUES SUR L'EMPLOI DES CONTRACTIONS, DES SYNÉRÈSES
ET DES ÉLISIONS DANS LES MOTS COMPOSÉS.

Les contractions, les synérèses et les élisions dans les mots composés
sont quelquefois de rigueur et quelquefois facultatives

I. — LES CONTRACTIONS.

Nous ne parlerons pas des contractions qui sont obligatoires; tout le
monde les connaît, et il serait au moins inutile de dire qu'on est tenu
d'écrire toujours *amās* et non *amais*, *fructūs* et non *fructuis*, *filī* et non
filie, *tibīcen* et non *tibiicen*, *vis* et non *volis*, *adjūtum* et non *adjuvatum*,
mōtum et non *movitum*.

Les contractions sont facultatives :

1º Au génitif pluriel des noms masculins de la première déclinaison et
au même cas de la seconde, excepté dans les noms neutres, *cœlicolūm*
(*cœlicolarum*); *virūm* (*virorum*); mais on ne dira pas *templūm* (*templo-
rum*), *rosūm* (*rosarum*)...

2º Dans les génitifs pluriels en *ium*, qui peuvent se contracter en *um*,
surtout dans les mots terminés par *ans* ou par *ens* au nominatif : *pru-
dentūm* (*prudentium*), *amantūm* (*amantium*), *cœlestūm* (*cœlestium*)...

3º Dans les cas des noms en *ius* et *ium* où se trouvent deux *i*, comme
tugurī (*tugurii*), *Virgilī* (*Virgilii*)...

4º A l'imparfait des verbes de la quatrième conjugaison : *lenībam* (*le-
niebam*), *audībant* (*audiebant*).

5º Dans les différents temps passés de la plupart des verbes qui ont le
parfait en *avi* ou *evi* : *cantāsse* (*cantavisse*), *delērat* (*deleverat*), *saltāsset*
saltavisset, *flērunt* (*fleverunt*), *necārint* (*necaverint*)...

6º Dans un certain nombre d'autres mots que l'usage apprendra, tels
que *mī* (*mihi*), *nōrunt* (*noverunt*), *nīl* (*nihil*), *prēndo* (*prehendo*)...

Nota. Il est des contractions qu'il ne faut pas imiter, et qu'on doit regarder comme des licences; telles sont les suivantes que l'on trouve
dans Horace : *divīsse* (*divisisse*), *remōrant* (*removerant*), *submōsses* (*submo-
visses*); — *alīs* pour *aliis* (*Luc.*)...

II. — LES SYNÉRÈSES.

1º Les synérèses sont de rigueur dans les composés de la préposition
de et du verbe *sum* : *deēst*, *deēro*[1]...; — au nominatif des noms propres
en *eus* de la seconde déclinaison : *Orpheūs*, *Theseūs*, *Prometheūs*...; —
dans un certain nombre de mots, tels que : *alveāre*, *cuī*, *Harpyīæ*,
huīc.....

2º Les synérèses sont facultatives dans les noms propres en *eus*, aux
autres cas qu'au nominatif : *Pelĕī* ou *Peleī*, *Theseō* ou *Theseō*, *Orphĕā* ou
Orpheā...; — au datif et à l'ablatif tant du singulier que du pluriel, dans

---

1. On trouve assez souvent, dans Stace surtout, *deēst*, *deēsse*.

le pronom composé *idem* et dans certains adjectifs en *eus*, tels que *aureus*, *luteus* : *ĕōdem* ou *eōdem*, *aurĕō* ou *aureō*, *lutĕīs* ou *luteīs*, *ĭīsdem* ou *iisdem*…; — à tous les cas du substantif *ālvĕŭs*, excepté au nominatif singulier : *alvĕō* ou *alveō*, *alvĕōs* ou *alveōs*…; — dans les mots composés de la préposition *de*, moins *dĕhīsco*, *dĕhŏnesto*, *dĕhŏrtor* : *dĕhīnc*, ou mieux *dehīnc*, *dĕosculor* ou *deōsculor*, *dĕĭn*, *dĕīnde*, ou mieux *deīn*, *deīnde*…

Nota. Il est des synérèses dont on doit s'interdire l'usage; telles sont celles que l'on trouve quelquefois même chez les bons poëtes, comme *omniā*, *vindemiātor*, *posteā*.

III. — LES ÉLISIONS DANS LES MOTS COMPOSÉS.

1° Les élisions dans les mots composés sont de rigueur dans les composés de *ante* : *āntĕĭt*, *āntĕĭrĕ*, *āntehāc*, *āntĕăgĭt*, *āntĕāmbŭlăt*…; dans les composés de *semi* : *sēmiănĭmĭs*, *sēmihŏmŏ*…; dans les mots composés dont le second composant est le participe *olens* : *bĕnĕŏlēns*, *grăvĕŏlēns*, *suāvĕŏlēns*…; dans les mots composés de *retro* : *retro-ăgō*, *retro-ĕŏ*…

2° L'élision est facultative dans l'adverbe *quŏăd* ou *quoăd* et son composé *quŏădūsquĕ* ou *quoădūsquĕ*, ainsi que dans l'adverbe *quŏūsque* ou *quoūsque*, et dans les composés de *circum* : *cīrcŭm-ĕo* ou *circumĕo*, *cīrcŭm-ăgo* ou *circumăgo*…

Note C.

1° Ce qui fait que le génitif *alīus* a toujours la pénultième longue, tandis que les autres génitifs en *ius* l'ont commune, c'est que l'*i* est le résultat d'une contraction, ainsi que l'indique sa formation. En effet, les mots qui ont le génitif en *ius* ajoutent cette terminaison à leur radical : *un-us*, *un-ius*; *ill-e*, *ill-ius*; *tot-us*, *tot-ius*; d'où *ali-us*, qui a déjà un *i* au radical, en aura deux à la terminaison du génitif : *ali-ius*. Il y a donc une contraction dans le génitif *alius*, et par conséquent l'*i* est long. Ce génitif a été très-rarement employé par les poëtes.

2° On trouve dans quelques poëtes, tels que Lucrèce, Prudence, saint Paulin, Fortunat, des vers dans lesquels l'*e* du génitif ou du datif singulier de la cinquième déclinaison est long, quoiqu'il ne soit pas placé entre deux *i*. Ainsi Lucrèce a dit :

> ….. Via qua munita fidei…

Mais il faut savoir que les anciens auteurs terminaient quelquefois en *eii* les génitifs et datifs de la cinquième déclinaison : ainsi ils disaient : *dieii*, *reii*, et par contraction *diēi*, *rēi*. L'usage général a adopté la contraction résultant de la diphthongue *ei* placée entre deux *i*, *diēi*, et a rejeté l'autre, comme on peut le voir dans une foule d'exemples tirés des bons auteurs. Ces génitifs *reii* ou *rēi*, *fideii* ou *fidēi*, sont donc des archaïsmes qu'on ne saurait imiter aujourd'hui.

3° Pour comprendre comment il se fait que la syllabe *fi* dans *fio* est tantôt longue et tantôt brève, il faut savoir comment ce verbe est formé.

Ce verbe n'offre aucune difficulté dans ses temps passés, où il est quant à la forme et à la signification, le passif de *facio*. Pour tous les temps simples, au contraire, à l'exception de l'infinitif, il a la forme active. Cette forme active se tire du primitif *facio* par la suppression du *c* et le changement de l'*a* en *i* : ainsi *facerem, faerem, fierem;* mais toutes les fois que l'*a* changé en *i* est suivi d'un autre *i*, il y a contraction : ainsi *facio, faio, fiio, fio; faciebam, faiebam, fiiebam, fiebam.* Donc, dans tous les temps où l'on trouvera deux *i* de suite, ce qui n'arrivera jamais quand il y a un *r* dans le mot, il y aura contraction, et la syllabe *fi* sera longue : *fīam*, de *faciam, faiam, fiiam, fīam.* Au contraire, dans tous les temps où il n'y aura pas deux *i*, il n'y aura pas de contraction, et la syllabe *fi*, d'après la règle générale, sera brève à cause de la voyelle suivante : *fierent* de *facerent, faerent, fĭerent.* L'infinitif, qui est une forme passive, est formé de la même manière que les autres temps simples; mais il se tire de *faceri* (forme primitive de l'infinitif passif) : *faceri, faeri, fieri. Fieri* n'éprouve donc pas de contraction et aura la syllabe initiale brève.

Note D.

REMARQUES SUR LA QUANTITÉ DES ADVERBES ANTEA ET POSTEA.

Plusieurs auteurs enseignent que *a* final est commun dans *antea* et *postea*. On trouve, en effet, plusieurs vers qui commencent par ces mots. Ainsi Ovide a dit : *Postea discedens... Postea mirabar...* On lit dans Stace : *Antea ferrato...* Mais les raisons qu'apportent ceux qui veulent que la finale de ces mots soit toujours longue, nous paraissent si fortes, que nous ne pouvons nous dispenser d'embrasser leur avis.

La première raison, c'est le témoignage des grammairiens latins, dont l'autorité dans cette matière n'est pas contestable.

La seconde raison, c'est l'analogie qui existe entre les adverbes *antea, postea,* et les adverbes *propterea, interea,* qui, de l'aveu de tous, ont la finale longue.

Une troisième raison, c'est que les prépositions qui gouvernent l'accusatif, veulent cependant leur régime à l'ablatif, lorsqu'elles ne forment qu'un seul mot avec ce régime : *antehac, posthac, quapropter, quocirca;* et non pas *antehæc, posthæc, quæpropter, quodcirca.* (Voyez Burnouf, *Grammaire latine,* § 90, remarque 4°). Cette terminaison est donc celle de l'ablatif, et c'est pour cela que *a* est long dans *intereā, proptereā :* pourquoi donc ne le serait-il pas dans *anteā, posteā?*

Il y a deux manières d'expliquer l'irrégularité des vers que nous avons cités. La première, qui est celle de Port-Royal, consiste à séparer les composants, et à lire *ante ea, post ea.* La seconde consiste à unir par synérèse les deux voyelles *ea* dans une seule syllabe, comme on le fait dans *eādem*, comme Virgile l'a fait dans *omniā*, comme on le trouve dans plusieurs autres mots, tels que *vindemiātor, promontoriūm, pituīta*...

La conséquence pratique que nous tirerons de cette observation, c'est que l'on cherchera à éviter l'emploi des adverbes *antea* et *postea*, parce que ces mots, ayant une brève entre deux longues, ne pourront entrer dans le vers hexamètre ou le vers pentamètre que par licence ou à l'aide d'une élision désagréable.

Note E.

REMARQUES SUR LA QUANTITÉ DES VERBES ORIOR ET POTIOR.

Les deux verbes *orior* et *potior*, quoique appartenant à la quatrième conjugaison, se conjuguent cependant à certains temps et à certaines personnes comme ceux de la troisième.

1° Le verbe *orior*, à l'indicatif présent, se conjugue entièrement comme les verbes de la troisième conjugaison : *orior, orĕris* et non *orīris; orĭtur* et non *orītur; orĭmur* et non *orīmur; orĭmini, orĭuntur*.

— Au participe futur actif, le verbe *orior* a l'antépénultième brève : *orĭturus* et non *orīturus*.

— A l'imparfait du subjonctif, on trouve quelquefois *orĕretur, orĕrentur;* mais il vaut mieux suivre la conjugaison régulière : *orīretur, orīrentur*.

Les composés de *orior* ont les mêmes irrégularités : *exorior, exorĕris, exorĭtur, exorĭmur*..., excepté le verbe *adorior*, qui se conjugue en entier sur la quatrième conjugaison : *adorīris, adorītur*, et non *adorĕris, adorĭtur*...

2° Le verbe *potior* peut se conjuguer en entier comme les verbes de la quatrième conjugaison; mais on peut le conjuguer aussi comme ceux de la troisième aux temps et aux personnes suivantes :

Potītur ou *potĭtur, potīmur* ou *potĭmur, potĭreris, potĭremur* (d'autres disent *potĕreris, potĕremur*) ou *potīreris, potīremur*.

Note F.

REMARQUES SUR LES CÉSURES ET LES REJETS.

La même raison qui exige des césures dans le corps d'un vers, exige aussi des rejets dans le cours d'un morceau de poésie.

1° La césure est établie pour relier ensemble les différents pieds dont se compose le vers; les rejets relient entre eux les différents vers qui composent le morceau.

2° Un vers sans césure, où chaque mot finit avec le pied, est un vers décousu, sans harmonie, d'une monotonie fatigante. Qui pourrait soutenir longtemps la lecture de vers semblables à ceux-ci?

> Urbem fortem nuper cepit fortior hostis.
> Sparsis hastis longis campus splendet et horret.

Une pièce de poésie sans rejets, où le sens est à peu près complet à la fin de chaque vers, manque d'harmonie et devient d'une monotonie insupportable. Plus les pieds d'un vers sont reliés entre eux par les césures, plus les vers le sont par les rejets, et plus aussi les vers sont beaux, plus la pièce est parfaite[1].

3° Mais il faut se tenir en garde contre un autre écueil. De même qu'il ne faut pas de césure après tous les pieds, de même aussi il ne faut pas de rejets après tous les vers.

4° On deviendrait monotone et fatigant si à chaque vers on mettait constamment les césures en même nombre et à la même place. De même aussi si l'on n'avait soin de varier les rejets, l'on tomberait dans la monotonie.

Note G.

TABLEAU COMPLET DES DIFFÉRENTS PIEDS

Les Latins avaient vingt-huit pieds différents ainsi divisés : quatre de deux syllabes, huit de trois, seize de quatre.

Tous les pieds de quatre syllabes sont des pieds composés, parce qu'ils renferment chacun deux pieds de deux syllabes. Les autres sont des pieds simples.

I. — *Pieds de deux syllabes.*

1° Le *pyrrhique* (πυρρίχη, danse militaire)[2]........ Dĕŭs.
2° L'*iambe* (ἰάπτω, blesser). .... sĕnēx.

---

1. Ce principe incontestable est la condamnation du système de ceux qui, traduisant du français en latin quelques pièces de vers, veulent qu'on les rende vers par vers. Rien n'est plus opposé au génie de la langue et de la versification latine. On pourra s'en convaincre en lisant les essais malheureux de M. l'abbé Goulesque, dont le remarquable talent de versification est venu se briser contre cet écueil insurmontable. Le français, en effet, est toujours timide dans ses inversions poétiques et interdit sévèrement tout enjambement. La poésie latine est plus ample, plus hardie : elle renvoie souvent des mots unis par le sens à plusieurs vers de distance; elle exige impérieusement des rejets; toutes choses qu'une traduction vers par vers ne peut observer. Ceux qui tentent une pareille entreprise ne peuvent prétendre qu'au mérite très-secondaire de la difficulté vaincue.

2. Dans cette danse, inventée, selon les uns, par Pyrrhus, fils d'Achille, selon les autres, par le Cydonien Pyrrhique, on employait fréquemment cette sorte de pied.

3° Le *trochée* ou *chorée* (τρέχω, courir ; — chorus, chœur)... ārvă.
4° Le *spondée* (σπονδή, libation).................... fēlīx.

II. — *Pieds de trois syllabes.*

1° Le *tribraque* (τρὶς βραχύς, trois fois bref)....... lĕgĕrŏ.
2° Le *dactyle* (δάκτυλος, doigt)..................... cārmĭnă.
3° L'*anapeste* (ἀναπαίω, repercutio, frapper à rebours)... dŏmĭnī.
4° L'*amphibraque* (ἀμφὶ βραχύς, bref tout autour).... mŏnērĕ.
5° Le *crétique* ou *amphimacre* (ἀμφὶ μακρός, long tout autour)[1] .... pĕrsŏnānt.
6° Le *bacchiaque* (βαχχεῖος, de Bacchus)[2].......... hŏnōrēs.
7° L'*antibacchiaque* (ἀντί, βαχχεῖος)................ cērtărĕ.
8° Le *molosse* (Μολοσσοί, les Molosses, peuple de Grèce)[3] .... scīndēbānt.

III. — *Pieds de quatre syllabes.*

1° Le *procéleusmatique*, double pyrrhique (πρὸ κέλευσμα, pour une exhortation navale)[4]......... hŏmĭnĭbŭs.
2° Le *diïambe*, double ïambe (δὶς ἴαμβος), deux fois l'ïambe) .... rĕfēcĕrānt.
3° Le *ditrochée* ou *dichorée*, double trochée........ frāngĕrētŭr.
4° Le *dispondée*, double spondée.................... rēspōndērūnt.
5° Le *choriambe*, un chorée ou trochée et un ïambe.. dūlcĭlŏquōs.
6° L'*ionique majeur*, un spondée et un pyrrhique.... prædĭcĕrĕ.
7° L'*ionique mineur*, un pyrrhique et un spondée.... rĕsŏnābānt.
8° L'*antispaste* (ἀντὶ σπάω, tirer en sens contraire), un ïambe et un trochée[5]........................ rĕcōrdātŭs.
9° Le *péon* 1er (παιάν, pæan), un trochée et un pyrrhique[6].. pērfĭcĕrĕ.

---

1. L'amphimacre a été aussi appelé crétique, parce que les Curètes, prêtres de Jupiter, affectionnaient singulièrement ce pied.
2. Le bacchiaque a été ainsi appelé parce qu'il était fort employé dans les hymnes à Bacchus.
3. Ce peuple affectait de se servir particulièrement de ce pied.
4. Le maître du vaisseau se servait ordinairement de ce pied pour exhorter les matelots, comme étant fort propre, par sa vitesse, pour parler dans les rencontres inopinées et précipitées. *Port-Royal.*
5. Ce pied est ainsi appelé parce qu'il passe d'une brève à une longue et d'une longue à une brève.
6. On appelait *pæan* les hymnes en l'honneur d'Apollon où ce pied était employé. Dans le péon premier, la longue occupe la première place ; dans le péon deuxième, elle a la seconde, la troisième dans le troisième, et la dernière au quatrième.

10° Le *péon* 2°, un ïambe et un pyrrhique......... mĭsērrĭmŭs.
11° Le *péon* 3°, un pyrrhique et un trochée......... mŏdĕrātŏr.
12° Le *péon* 4°, un pyrrhique et un ïambe.......... cĕlĕrĭtās.
13° L'*épitrite* 1er (ἐπί, τρίτος, au-delà du troisième),
    un ïambe et un spondée[1]................... sălūtāntēs.
14° L'*épitrite* 2°, un trochée et un spondée......... cōmprŏbāntēs.
15° L'*épitrite* 3°, un spondée et un ïambe.......... cōmmūnĭcānt.
16° L'*épitrite* 4°, un spondée et un trochée......... dētūrbārĕ.

Note II.

ASINUS PELLE LEONIS INDUTUS.

Ibat magnanimi vestitus pelle leonis,
Ingentes glomerans gressus, multaque jubarum
Majestate ferox, capita alta ferebat asellus.
Horrendæ quocumque tulit mendacia formæ,
It subitus late terror : fugere coloni,
Matresque et pavidi linquunt magalia nati.
Arduus insequitur, falsosque per arva triumphos
Victor agit; sævo, nova bellua, gaudet amictu.
Ecce autem compressa diu, tandem emicat auris
Indignata moras, et in altum prosilit, index
Perfida, et arcadicum prodens manifesta leonem.
Adspiciunt, rident, concurritur; exuit ille
Regalem pompam, formidatosque colonis
Cogitur infelix, jam non leo, ponere vultus,
Et miseri tergum noto jam fuste dolatur.

Charles LEBEAU.

Note I.

Nous reproduisons ici, comme exercices sur les différentes sortes de vers, l'ingénieux dialogue où Erasme met aux prises deux rivaux, qui cherchent à surprendre réciproquement leur perspicacité en usant subrepticement d'un langage poétique caché adroitement sous la forme dialoguée; et un dithyrambe sur sainte Cécile où le R. P. Commire fait entrer un grand nombre d'espèces de vers différentes, à l'imitation des chœurs de Sénèque.

---

1. L'épitrite a été ainsi appelé parce qu'il renferme un peu plus que la valeur de trois longues. Dans l'épitrite premier, la brève a la première place; dans l'épitrite second, elle a la deuxième, la troisième dans le troisième, et la dernière dans le quatrième.

I. — IMPOSTURA.

ARGUMENTUM.

In hoc dialogo specimen est imposturæ, sed admodum innoxiæ. Livinus enim facete imponens, cum eo non advertente versibus tantum confabulatur.

PHILIPPUS. — Salve, Livine. — LIVINUS. —

Iambiques trimètres. { Sālvē- | -bŏ, sī || vīs ĭtă, | sĕd ā || mĕ tĭbĭ | căvĕ;
Nam ēst ănĭ- | -mŭs īm- || pōnĕrĕ | tĭbī, || nĭsī |
             [căvēs.

— PHILIPPUS. — Non est admodum metuendus hostis, qui periculum denuntiat. Sed age, falle, si potes. — LIVINUS. —

Trochaïque tétram. catalect. Eccĕ | jăm fĕ- || -fēllī, | nēc sēn- || -tīs ăd- |
             [hūc; ĭtĕ- || -rūm că- | -vĕ.

— PHILIPPUS. — Cum præstigiarum, opinor, artifice mihi res est : nihil enim sentio imposturæ. — LIVINUS. —

Crétiques tétramétres. { Rūrsŭs ăd- | -vērtĕ mēn- | -tēm tŭăm, | nī vĕlīs
Dēcĭpī, | sīcŭtī | fālsŭs ēs | nōn sĕmel.

— PHILIPPUS. — Hic sum; incipe. — LIVINUS. —

Phaleuce. — Jāmdū- | -dūm mĭhĭ | quōd jŭ- | -bēs pĕr- | -āctum ēst.

— PHILIPPUS. — Quid actum aut quid peractum : nihil sentio doli. —

LIVINUS. — *Cñoriambique tétramètre.* Jăm tŏtĭēs | ādmŏnĭtūs | sāltem ădhĭbe
             [āt- | -tēntum ănĭmum.

— PHILIPPUS. — Novum præstigiarum genus! Ludor, ut ais, neque quidquam artis sentio, quum observem et oculos, et manus, et linguam tuam. Sed age, rursus incipe. — LIVINUS. —

Anapest. pentam. et tétram. { Ĭtĕrum āt- | -que ĭtĕrum īn- | -cĭpĭo, āt- |
             [-que ădĕō | tŏtĭēs
Făcĭō, | nĕquĕ tu ās- | -sĕquĕrīs | lăquĕōs.

— PHILIPPUS. — Quare mihi laqueos tendis? — LIVINUS. —

Saphiques. { Hæc tĭ- | -bi, īnquăm, | līnguă dŏ- | -lōs pă- | -rāt, nĕc
Aūrĭ- | -būs sēn- | -tīs, nĕc ŏ- | -clīs vĭ- | -dēs : nūnc
Sāltem hă- | -be āttēn- | -tōs ŏcŭ- | -lōs ĕt | aūrēs.

— Philippus. — Non possum magis, etiamsi de capite ageretur. Sed falle rursum. — Livinus. —

Ionique majeur pentamètre sotadéen. Itĕrum eccĕ fĕ- | -fēllī, nĕquĕ | dĕ-
[prĕ- | -hēndĭs | ārtem.

— Philippus. — Enecas. Quæso, dic quodnam est hoc præstigiarum genus. — Livinus. —

Trochaïque tétram. catalect. Hāctĕ- | -nūs sūm | tĭbĭ lŏ- | -cūtūs | cārmĭ- |
[ne ātque ăd- | -hūc lŏ- | -quŏr.

— Philippus. — Nihil minus sensi quam istud. — Livinus. — Primum tibi respondi duobus trimetris ïambicis; deinde trochaïco tetrametro catalectico; mox meris creticis sum locutus; post hæc, phaleucio hendecasyllabo; deinde meris choriambis; ad hæc meris anapæstis; rursus tribus saphicis; mox sotadeo; postremo trochaïco tetrametro catalectico. — Philippus. —

Iambique tétram. catalect. Dĕum īm- | -mōrtā- | -lēm! quīd- | -vīs sūs- |
[pĭcā- | -bār pŏlĭ- | -ūs quam īs- | -tŭd :
Iambique trim. catalect. Sī vī- | -xĕro, ălĭ- | -quāndō | vĭcēm | rĕpō- | -năm.

— Livinus. — Huc si quid potes. — Philippus. —

Crétique pentam. Eccĕ bīs | pār părī | rēttŭlī, | nĕc dŏlūm | pērcĭpīs.

— Livinus. — Hui! tam cito! — Philippus. — Minatus sum tibi iambico tetrametro catalectico, mox addidi creticos quinque. — Livinus. — Prorsus accidit, ut video, quod dici solet : Cretensis incidit in Cretensem. — Philippus. — Sic est; sed illud precor utrique nostrum, ne nobis unquam occurrat impostura nocentior.

II. — DITHYRAMBUS IN SANCTAM CÆCILIAM, AUCTORE COMMIRIO [1].

Gratum sonantis Cæcilia organi
Docta vocales animare chordas,
Perque ære silvam fusilèm
In numerum digitis concordes ducere ventos,
Interiore domus recessu
Secum pudicos ventilabat igncs,
Et virginales nuptias
Conjuge digna Deo canebat.
Custos pudoris aliger, sub alto
Lectas Olympi vertice fèrt rosas,
Liliaque puro pota nectare,
Queis amat castæ redimire crincm et
Frontem verecundam puellæ.

---

1. Nous laissons ici à l'élève le soin de déterminer lui-même les diverses sortes de vers qu'a employées l'auteur.

Quin etiam pennis auras, ceu folle, ministrat,
Nec calamos sinit esse inertes,
His suam gaudens sociare vocem.
Quis tibi, Valeriane, stupor, quæve mens fuit,
Quùm procul ambrosiumque odorem,
Nataque sentires alieno tempore serta,
Humanoque prior quum cupidis influeret sonus
Auribus, ora tamen fas non foret adspici loquentis?
Furens amoris œstro,
Fidem exprobrare jam parabas proditam,
Læsaque connubii male jura,
Illicitaque calens pectus face.
Sed pudor, et nivea quæ plurima fronte sedebat
Virginitas, oculique decori,
Placavere animi tumentis æstum.
Sorte disce tamen frui invidenda :
Nulli, quod tibi, contigit
Habere rivalem Deum;
Non illum olore qui volans adultero,
Bove aut procaci mugiens,
Monstris Olympum Jupiter, criminibusque suis
Implesse terras dicitur;
Sed quem nescia fœderis jugalis
Pura mater edidit alvo,
Ante jam patri sine matre natum.
Hic sibi Cæciliam in connubia sempiterna quærit.
Ne tibi credas tamen esse raptam :
Felix amantes patitur hymenæus duos.
O hymēn hymĕnææ̆!
Fratris nomen juncture marito,
Sponsæ nomen juncture sorori,
Lecti dissocians fœdere conjuges,
Leti consocians munere virgines.
At vos, Cæciliæ dicata cultu
Turma præcipuo, boni sodales,
Ne sinite præterire tam lætum diem.
Date flores, nectite serta,
Ferte faces, urite thura :
Agite, quatite cymbala tinnula,
Jungite lenibus organa tibiis,
Argutæ fidibus sibila tibiæ;
Alterno repetant musica gens ad numeros choro
Nupsit Cæcilia, et Valerianum
Christo parturiens, funere nobili
Vitæ redonavit, beati
Perpetuum comitem triumphi.

TABLE DES MATIÈRES

PREMIÈRE PARTIE

RÈGLES DE LA QUANTITÉ

SECONDE PARTIE

PRINCIPES DE LA VERSIFICATION

CHAPITRE PREMIER. Composition du vers.

CHAPITRE SECOND. Elégance du vers.

9 782019 951771